Volker Friebel

# Mit Traumreisen durch das Jahr

## 60 Entspannungsgeschichten für Kinder

Edition *Blaue Felder*

Dr. Volker Friebel (*1956) ist promovierter Psychologe und Autor von Veröffentlichungen zu Entspannung, Gesundheit, Sprache und Musik sowie Texten literarischer Art. Er ist selbstständig tätig und lebt in Tübingen.

Edition *Blaue Felder*,
Denzenbergstraße 29, 72074 Tübingen (Deutschland)
www.Blaue-Felder.de

Texte, Fotografie und Gestaltung: Volker Friebel
Veröffentlichung: August 2015

ISBN PapierBuch: 978-3-936487-96-1
ISBN eBuch, epub-Format: 978-3-936487-97-8

# Inhalt

FSC
www.fsc.org
MIX
Papier aus verantwortungsvollen Quellen
Paper from responsible sources
FSC® C105338

# Einführung

Traumreisen sind eine besondere Art von Entspannungsgeschichten. In ruhig gehaltener Sprache schildern sie Naturbilder, etwa einen Waldweg, einen Bach, eine Burgruine, einen Bauernhof, einen See. Die Beschäftigung mit der inneren Wahrnehmung bewirkt beim Lauschenden ein Umschalten von der Aktivität zur Entspannung, Erholung, Regeneration.

Entspannungsinstruktionen können enthalten sein. Meist stammen sie aus dem Autogenen Training (Betonung von Ruhe, Schwere und Wärme) und aus der Atementspannung (Achten auf den Atem).

Eine ausgefeilte Geschichte wird selten erzählt, und wenn doch, dann ohne Spannungsbogen – sonst wäre es bereits zu aufregend. Die Vorstellung ruhiger Natur kommt der Entspannung am meisten entgegen.

Traumreisen werden deutlich langsamer als „normale" Geschichten vorgetragen, um Zeit für die Vorstellungen des Lauschenden zu lassen. Im Text wird immer wieder durch drei Pünktchen oder durch Absätze daran erinnert: *Bitte Zeit lassen!*

Traumreisen können mit einem einzelnen Kind oder mit einer Kindergruppe durchgeführt werden. Am besten, die Lauschenden liegen. Die Augen sollten möglichst geschlossen sein, so gelingt das eigene Vorstellen am leichtesten.

Diese Art der Entspannung eignet sich für jedes Alter. Auch schon ganz junge Kinder können so in die Entspannung kommen. Die Sprache allerdings muss dem Alter der Kinder angemessen sein. Die Traumreisen dieses Buchs sind für Kindergarten- bis Grundschulalter formuliert.

Es ist nicht unbedingt erforderlich, aber hilfreich, wenn die vorgetragene Traumreise in der gerade wirklich vorhandenen Jahreszeit spielt. Die Traumreisen sind deshalb nach Jahreszeiten geordnet. Eine Besonderheit bildet nach Frühling, Sommer, Herbst und Winter das fünfte Kapitel. Hier erleben wir den Frühling und Sommer zusammen mit Silas, dem Bären, und begleiten ihn noch in den Herbst hinein bis zu den ersten Schneeflocken. An jede Geschichte sind in diesem Kapitel Entspannungsformeln nach dem Autogenen Training angehängt.

Bei jeder der vorgestellten Traumreisen sind Einstimmung auf die Entspannung und deren Rücknahme dabei. Sie können aber nach den eigenen Vorstellungen verändert werden. Wenn eine Traumreise zum Einschlafen im Bett vorgetragen wird, lässt man die Rücknahme weg. Stattdessen gibt es dann noch einige Worte zur Guten Nacht.

Verändert werden können auch die Traumreisen selbst. Es geht nur darum, sich Naturbilder gut vorzustellen, mit Betonung auf das Ruhige dabei. Was genau vorgestellt wird, ist gar nicht so wichtig. Deshalb können Traumreisen durchaus verkürzt oder verlängert werden.

Wenn ein Kind noch keine Erfahrungen mit Traumreisen hat, kann es günstig sein, die ersten Male noch etwas dazuzusagen. Etwa:

> *„Du hörst jetzt eine Traumreise. Das ist eine ganz besondere Art von Geschichte. Am besten, du schließt dazu die Augen, denn dann lässt sich die Traumreise am besten erleben, so wie du ja auch bei den Träumen im Schlaf die Augen geschlossen hast. Bei Traumreisen geht es darum, sich alles möglichst gut vorzustellen, es selbst zu erleben. Wenn also gesagt wird, dass du über eine Wiese gehst, dann hör nicht bloß zu, sondern stell dir genau vor, wie du über die Wiese gehst."*

Eine entspannte Atmosphäre ist günstig. Vielleicht kann dazu eine besondere Kerze entzündet werden, unsere Traumkerze. Wenn die brennt, weiß das Kind: Es ist Traumzeit. Oder das Kind kann selbst seine Traumkerze, ein Teelicht, an einer großen Kerze entzünden und neben sich stellen.

Musik kann die Zeit bis zum Beginn der Traumreise begleiten. Auch zur Verlängerung der Traumreise kann sie eingesetzt werden, dann am besten vor der Rücknahme. Während der Traumreise selbst sollte die Musik besser ausgeblendet werden, um die Konzentration ganz bei den Bildern zu halten.

Nach der Traumreise kann über sie geredet oder ein Bild nach Motiven aus ihr gemalt werden.

Regelmäßige Durchführung von Traumreisen, das ist die Erfahrung aus vielen Schulen und Kindergärten, führt nach und nach zu einer Beruhigung der Kinder und zu einer Steigerung ihrer Konzentration und Kreativität. Auch Kinder, die anfangs mit Traumreisen Probleme haben, können sich meist bald auf sie einlassen. So sind Traumreisen ein ausgezeichnetes Mittel zur Entspannung des Kindes und zur Förderung einiger seiner Grundkompetenzen, nämlich der Entspannungsfähigkeit, der Konzentration und der Kreativität.

Und Freude machen sie auch!

Eine gute Zeit mit den Traumreisen wünscht

Volker Friebel

# Frühling

## Schneeglöckchen bimmeln

Mach es dir ganz bequem ... Während du dich noch räkelst, kannst du schon beginnen, angenehm ruhiger zu werden ... Deine Augen können noch offen bleiben und auch zu ruhen beginnen – oder sie können sich schließen und die angenehme Ruhe spüren ... Du hörst vielleicht noch Geräusche um dich, im Raum ... oder von draußen ... Und irgendwann können die Geräusche und jede Bewegung ganz gleichgültig werden ... Und du spürst vielleicht schon, wie gut es sich anfühlt, einfach so da zu sein und eine Traumreise zu erleben ...

Du kannst dir bestimmt einen Garten vorstellen, einen Garten hinter einem schönen Haus ...

Im Garten wächst ein Busch. Seine Zweige sind noch kahl. Die Knospen aber an den Zweigen, sie schwellen schon ... Bald werden sie sich öffnen. Und bald wachsen Blätter aus ihnen hinein in die Welt ...

Unter dem Busch liegt ein kleiner Rest Schnee. Daneben sind Schneeglöckchen aus der Erde gesprossen. Ihre weißen Blüten strahlen fröhlich im Sonnenlicht ...

Wenn jemand ganz genau lauschen würde, vielleicht könnte der die Schneeglöckchen sogar bimmeln hören.

Dieser Vogel, der im Baum in der Mitte des Gartens sitzt, wenn er es versucht, vielleicht kann er den Laut der Schneeglöckchen hören ...

Diese allererste Fliege, die über den Gräsern summt, wenn sie es versucht, vielleicht kann sie den Laut der Schneeglöckchen hören ...

Oder diese Grashalme, die in der ersten Wärme wieder zu wachsen beginnen, wenn sie es versuchen, vielleicht können sie den Laut der Schneeglöckchen hören ...

Vom Mäuerchen des Gartens hängen Forsythien. Ihre gelben Blüten leuchten wie Sterne ... Eine Katze schleicht an ihnen vorbei, streift sie fast ...

Die leise Bewegung der Katze ... Fast lautlos schleicht sie über den Gartenweg ...

Am Busch bleibt sie stehen ... Ihr Schwanz hebt sich leicht – und senkt sich wieder ... Ihre Ohren sind weit geöffnet ...

Die Katze beugt ihren Kopf und schnuppert an den Schneeglöckchen ... und sie schnuppert an der feuchten Erde ... und sie schnuppert am Gras beim schmelzenden Schneerest ... Dann geht sie weiter, über die Wiese ...

Die Katze schaut zum Vogel hinauf, der im Baum noch immer sein Lied trällert ... Dann verschwindet sie durch die Hecken in den Garten des Nachbarn ...

Die Schneeglöckchen sind immer noch da ... Und das Lied des Vogels im Baum ... Die Schneeglöckchen scheinen ganz leicht zu beben ...

Vielleicht bewegen sich die Schneeglöckchen zu diesem Vogellied, in den Tönen des Liedes ... Oder ist es ein ganz leichter Wind, den sonst niemand spürt? ... Oder ist es etwas in den Schneeglöckchen selbst, das sie beben macht ... Es ist wie ein Tanz, ein kaum merklicher Tanz ...

Die Kieselsteine am Haus bewegen sich gar nicht. Jedenfalls sieht es so aus ... Sie liegen hier schon einer am anderen, seit sie vor vielen Jahren an die Hauswand geschüttet wurden ... Aber das Lied des Vogels, vielleicht dringt es trotzdem ein Stück in die Steine ein ... ein Haar breit vielleicht – oder ein halbes Haar breit ... Noch weiter im Kieselstein ist dann die Stille ...

Vielleicht können die Schneeglöckchen etwas von dieser Stille wahrnehmen ... Vielleicht ist die Stille im Weiß ihrer Röckchen ... Vielleicht kannst du selbst etwas von der Stille wahrnehmen, noch hinter dem Vogellied, viel tiefer ... tief in den Steinen ... und tief auch in dir ...

Vielleicht ist da eine Stille, die immer da ist ... und die ruhig macht, wenn du auf sie achtest ... die ruhig macht, wenn du sie groß werden lässt ... und die stark macht, wenn du auf sie achtest und wenn du sie groß werden lässt ...

Du spürst dann die Ruhe in dir ... Du spürst dann die Schwere in dir ... und die Wärme – und eine Leichtigkeit, die dich trägt ... Dein Atem geht ein und aus, ein und aus, ganz ruhig und gleichmäßig, ganz von allein ...

Du fühlst die Ruhe und die Kraft tief in dir wachsen ...

Und nun kommt die Traumreise langsam zum Ende, und du kehrst zurück in den Raum ... Du spürst wieder den Raum um dich und hörst seine Geräusche ... Die Ruhe ist weiter in dir. Und die Kraft. Du spürst vielleicht, wie die Ruhe und die Kraft in dir stärker geworden sind ... Die Augen können sich wieder öffnen ... Atme tief durch! Reck dich und streck dich ...

## Durch die Terrassentür ...

Mach es dir ganz bequem ... Während du dich noch räkelst, kannst du schon beginnen, angenehm ruhiger zu werden ... Deine Augen können noch offen bleiben und auch zu ruhen beginnen – oder sie können sich schließen und die angenehme Ruhe spüren ... Du hörst vielleicht noch Geräusche um dich, im Raum ... oder von draußen ... Und irgendwann können die Geräusche und jede Bewegung ganz gleichgültig werden ... Und du spürst vielleicht schon, wie gut es sich anfühlt, einfach so da zu sein und eine Traumreise zu erleben ...

Jemand hat vergessen, die Terrassentür zu schließen. So steht sie nun einen Spalt weit offen. Frische Luft strömt herein – und Amselgesang ...

Auf dem Sofa sitzt Ritter Blech. Er öffnet ein Auge ... Er ist ganz still. Als sich nichts regt, außer einer neuen, noch schöneren Strophe des Amselgesangs, außer noch einem weiteren, frischen Windstoß, bewegt er einen Arm – und öffnet das andere Auge. Er blinzelt einmal ... Dann bewegt er auch den anderen Arm ... Er schiebt sich nach vorn, an den Sofarand – und springt auf den Boden ...

Wieder blinzelt er und schaut sich um ... Niemand zu sehen ... Ritter Blech geht mit langsamen, schweren Schritten zur Terrassentür ... Er schaut in den Garten hinaus ... Auf dem blühenden Apfelbaum, ist das nicht die pfeifende Amsel? ... Spatzen tschilpen aus der Hecke zum Nachbarsgarten ...

Ritter Blech öffnet die Türe noch weiter – und zwängt sich hindurch ... Die Empfindung der Steinplatten unter seinen Füßen ... Und nun das Gras der Wiese, das ist eine ganz andere Empfindung ...

Eine Biene schwirrt durch die Luft, direkt an einer blechernen Nase vorbei ... Ritter Blech ist stehengeblieben und schüttelt sich ... Die Biene ist schon wieder im Himmel verschwunden ...

Dann geht Ritter Blech weiter, zum Baum mit der Amsel. Er mag den Amselgesang so sehr ... Aber als er ankommt, fliegt die Amsel weg ...

„Sowas", brummt Ritter Blech, „die kleine Biene hat keine Angst vor mir, die größere Amsel aber doch – obwohl sie fliegen kann!"

Ritter Blech wedelt ein paarmal mit den Armen, ob er auch fliegen kann. Aber der Himmel trägt ihn nicht ... Brummend geht er weiter ...

„Wie kommt es, dass die dumme, kleine Amsel fliegen kann, ich aber nicht?", fragt er sich. „Vielleicht, weil sie Angst hat. Vielleicht kann alles fliegen, das Angst hat!"

Aber dann erinnert er sich an Sarah, wie sie neulich geschrien hat, als sie eine Spinne in ihrem Zimmer sah. Geflogen ist sie aber nicht.

„Vielleicht kann alles fliegen, das Federn hat", überlegt Ritter Blech nun. Das ist schon besser, denn er und Sarah haben keine Federn und können beide nicht fliegen. Und die Spatzen haben Federn und fliegen vielleicht sogar noch besser als die Amsel!

Ritter Blech berührt den Stamm des Apfelbaums. Er fühlt sich angenehm rau an. Ritter Blech schließt die Augen und gibt sich ganz dieser Empfindung hin ...

Als er die Augen wieder öffnet, schaut er direkt in die Augen von Mika, dem Kater. Was für ein Schreck! Ritter Blech wedelt mit den Armen – aber nein, fliegen kann er nicht! Es müssen also tatsächlich die Federn sein. Mika steht ganz still und schaut ihn an. Und Ritter Blech schaut Mika an ...

Nach einer Weile hat Mika das Interesse verloren und schleicht weiter. Unter dem Zaun zwängt er sich in Nachbars Garten. Dort verschwindet er in den Büschen ...

Die Amsel hat inzwischen wieder zu singen begonnen. Sie sitzt nun auf dem Dach des Nachbarhauses. Ritter Blech aber ist müde geworden. Langsam geht er zurück. Das weiche Gras der Wiese ... die Steinplatten der Terrasse ... die Terrassentüre ... Über ein Kissen und den Zeitschriftenstapel klettert Ritter Blech auf sein Sofa.

„Ah, wie schön ist es hier!", seufzt er, als er sich zurücklehnt und die Augen schließt ... Schon ist er eingeschlafen – und hört die Menschenstimmen nicht mehr.

„Weißt du, wo Ritter Blech ist?", ruft Sarah.

„Aber da sitzt er doch, auf dem Sofa", sagt die Mutter.

„Komisch, vorhin war er nicht da", behauptet Sarah.

„Du wirst nicht richtig geschaut haben", meint die Mutter. Sie gehen zusammen hinaus. Ritter Blech aber streckt sich noch einmal und überlässt sich dann ganz seinem Traum ...

Und nun kommt die Traumreise langsam zum Ende, und du kehrst zurück in den Raum ... Du spürst wieder den Raum um dich und hörst seine Geräusche ... Die Ruhe ist weiter in dir. Und die Kraft. Du spürst vielleicht, wie die Ruhe und die Kraft in dir stärker geworden sind ... Die Augen können sich wieder öffnen ... Atme tief durch! Reck dich und streck dich ...

# Prinzessin geht mit ...

Mach es dir ganz bequem ... Während du dich noch räkelst, kannst du schon beginnen, angenehm ruhiger zu werden ... Deine Augen können noch offen bleiben und auch zu ruhen beginnen – oder sie können sich schließen und die angenehme Ruhe spüren ... Du hörst vielleicht noch Geräusche um dich, im Raum ... oder von draußen ... Und irgendwann können die Geräusche und jede Bewegung ganz gleichgültig werden ... Und du spürst vielleicht schon, wie gut es sich anfühlt, einfach so da zu sein und eine Traumreise zu erleben ...

Die Terrassentür steht einen Spalt weit offen. Frische Luft strömt herein – und Amselgesang ... Ritter Blech öffnet ein Auge ... Als er sieht, dass die Luft rein ist, öffnet er auch das andere Auge und richtet sich auf. „Spürst du das?", brummt er ...

Neben Ritter Blech sitzt Prinzessin auf dem Sofa. Jetzt geht ein Zittern durch ihren Körper. Dann öffnet sie beide Augen auf einmal. „Ich spüre es", flüstert sie. „Was ist das?"

„Das ist frische Luft", brummt Ritter Blech, „sie kommt durch den Türspalt aus dem Garten."

„Ah", flüstert Prinzessin und reckt sich.

Zusammen mit Ritter Blech klettert sie das Sofa hinab. Sie gehen durch den Türspalt auf die Terrasse hinaus.

„Was ist das für ein Gefühl an den Füßen?", fragt Prinzessin.

„Spürst du das auch?", fragt Ritter Blech zurück. „Das sind die Steinplatten auf der Terrasse." Zusammen treten sie in die Wiese.

„Das Gefühl an den Füßen hat sich verändert", sagt Prinzessin.

„Das ist das weiche Gras der Wiese", sagt Ritter Blech.

Prinzessin ist stehengeblieben und atmet tief durch. Ihre Augen hat sie geschlossen. „Spürst du den Duft?", fragt sie.

Auch Ritter Blech schließt nun die Augen und achtet auf den Duft. „Ja, das riecht gut!", brummt er.

Ritter Blech will zum Apfelbaum, aber Prinzessin macht an einem blühenden Busch Halt.

„Diesen Duft kenne ich", flüstert Prinzessin. Sie hält einen Blütenzweig und strahlt Ritter Blech an. „Auch die Mutter von Sarah duftet manchmal so, wenn sie aus dem Bad kommt. Das ist Flieder!"

Ritter Blech riecht daran und brummt etwas. Ob das wirklich der Duft von Sarahs Mutter ist, kann er nicht sagen.

Da sieht er im Gras eine Schnecke kriechen. Er hockt sich nieder.

Prinzessin tut es ihm gleich ...

Ritter Blech nimmt einen Grashalm und stupst an das Schneckenhaus. Sofort zieht die Schnecke ihren Kopf ein. Atemlos beobachten Ritter Blech und Prinzessin, was weiter passiert ...

Es passiert eigentlich gar nichts.

Außer, dass eine Amsel im Nachbarsgarten ihr Lied beginnt ...

Außer, dass ein Flugzeug am Himmel zu hören ist ...

Außer, dass die Wolken am Himmel ein Stück weiterziehen ...

Außer, dass eine Biene an Ritter Blech und Prinzessin vorbeifliegt, zum Flieder ...

Außer, dass eine Schar Spatzen aus der Hecke in den Himmel fliegt ...

Außer, dass ein Windstoß über das Gras geht und die Halme ein wenig bewegt ...

Außer, dass der Atem von Ritter Blech und Prinzessin immer ruhiger und langsamer wird ...

Nach einiger Zeit aber tauchen aus dem Schneckenhaus wieder die Fühler der Schnecke auf. Sie tasten durch die duftende Luft ...

Und noch ein bisschen später, kommt der ganze Kopf der Schnecke wieder zum Vorschein, und sie kriecht langsam weiter ...

„So langsam möchte ich auch einmal sein", brummt Ritter Blech.

Die beiden erheben sich, während die Schnecke weiterkriecht.

„Als ich neulich allein im Garten war", brummt Ritter Blech, „habe ich andere Dinge erlebt."

„Vielleicht, weil andere Dinge passiert sind", flüstert Prinzessin.

„Das auch", brummt Ritter Blech. „Aber jetzt ist es anders, weil du dabei bist. Da fallen mir andere Dinge auf."

„Das geht mir auch so", flüstert Prinzessin. „Ohne dich hätte ich die Schnecke gar nicht gesehen."

Sie wandern über die Wiese und die Terrassenplatten wieder zur Türe. Dicht hintereinander schlüpfen sie durch. Bald sitzen sie wieder zusammen auf dem Sofa. Sie schlafen. Sie träumen mit offenen Augen ...

Und nun kommt die Traumreise langsam zum Ende, und du kehrst zurück in den Raum ... Du spürst wieder den Raum um dich und hörst seine Geräusche ... Die Ruhe ist weiter in dir. Und die Kraft. Du spürst vielleicht, wie die Ruhe und die Kraft in dir stärker geworden sind ... Die Augen können sich wieder öffnen ... Atme tief durch! Reck dich und streck dich ...

# Sonnenlauf über dem Frühlingsland

Mach es dir ganz bequem ... Während du dich noch räkelst, kannst du schon beginnen, angenehm ruhiger zu werden ... Deine Augen können noch offen bleiben und auch zu ruhen beginnen – oder sie können sich schließen und die angenehme Ruhe spüren ... Du hörst vielleicht noch Geräusche um dich, im Raum ... oder von draußen ... Und irgendwann können die Geräusche und jede Bewegung ganz gleichgültig werden ... Und du spürst vielleicht schon, wie gut es sich anfühlt, einfach so da zu sein und eine Traumreise zu erleben ...

Das Glimmen am Horizont hat schon eine Weile begonnen, ganz unmerklich erst ... Nun löst es sich langsam aus der Nacht ... Nun wird es langsam stärker, und der Himmel erhellt sich nach und nach, dort, wo die Sonne erwartet wird ...

Wenn die Sonne dann aufgeht, geschieht das ganz still ... Es ist das wichtigste Ereignis des Tages, und es geschieht ganz still ... Ein heller Fleck, der wächst, bis der obere Teil einer Scheibe erkennbar wird, die sich höher schiebt, langsam höher ... Vielleicht stehen ganz in der Ferne schwarze Bäume vor der Scheibe, vielleicht schwingt sich ein dunkler Vogel gerade an ihr vorbei ...

Die Scheibe der Sonne verbreitet eine tiefe Ruhe um sich und über die ganze Welt ... Wenn jemand zur Sonne am Horizont schaut, kann er spüren, wie die Ruhe der Sonne auch in ihm selbst ist ... Und seine Ruhe kann wachsen, an der Ruhe der Sonne ...

Die Sonnenscheibe steigt höher, wird heller ... Schon ist sie zu hell, um sie zu betrachten. Ganz langsam schwebt sie immer höher und höher ... Sie hat ihren Bogen begonnen, auf den Hügeln im Osten ...

Die jungen Blätter der Bäume glänzen im Sonnenlicht ... Sie nehmen das Licht auf und verwandeln es in Kraft ...

Auch im Waldsee leuchtet das Licht ... ein Fisch schwimmt hindurch ... Die Ruhe des Wassers ist ein wenig anders als die Ruhe der Sonne ... Aber die Ruhe und die Kraft sind auch hier ...

Vögel haben im hellen Grün der Bäume zu singen begonnen. Die ersten sangen schon vor dem ersten Lichtschein am Horizont. Immer mehr stimmten ein, nun ist es ein ganzes Vogelkonzert ...

Mittags erreicht die Sonne ihren höchsten Stand. In der Siedlung duftet es nun überall nach Essen ... Kinder kommen nach Hause und freuen sich ...

Bald beginnt die Sonne auf ihrem Bogen wieder zu sinken ... Die

Schatten der Häuser und die Schatten der Bäume werden länger ... Die Stimmen der Vögel sind weniger geworden ...

Wenn es Abend wird, beginnen manche Amseln wieder zu singen – andere aber schimpfen, als wollten sie das Licht noch eine Weile zurückhalten ...

Bald berührt die Sonnenscheibe den Horizont ... Die Scheibe gleitet hinter die Hügel im Westen ... Bald ist nur noch ein Funke vorhanden – und jetzt erlischt auch der, und da ist nur noch das rote Glühen des Horizonts ...

Die Dämmerung wird stärker ... Die Tiere suchen ihre Nester und Lager auf, die Kinder sind schon zu Hause ... Die Ruhe der Sonne ist immer noch da – und ihre Kraft ... Auch wenn sie gar nicht zu sehen ist, können die Ruhe und die Kraft weiter wachsen ... Vielleicht spürst du schon etwas von der Ruhe und der Kraft auch in dir ...

Und nun kommt die Traumreise langsam zum Ende, und du kehrst zurück in den Raum ... Du spürst wieder den Raum um dich und hörst seine Geräusche ... Die Ruhe ist weiter in dir. Und die Kraft. Du spürst vielleicht, wie die Ruhe und die Kraft in dir stärker geworden sind ... Die Augen können sich wieder öffnen ... Atme tief durch! Reck dich und streck dich ...

## Prinzessin an den Seerosen

Mach es dir ganz bequem ... Während du dich noch räkelst, kannst du schon beginnen, angenehm ruhiger zu werden ... Deine Augen können noch offen bleiben und auch zu ruhen beginnen – oder sie können sich schließen und die angenehme Ruhe spüren ... Du hörst vielleicht noch Geräusche um dich, im Raum ... oder von draußen ... Und irgendwann können die Geräusche und jede Bewegung ganz gleichgültig werden ... Und du spürst vielleicht schon, wie gut es sich anfühlt, einfach so da zu sein und eine Traumreise zu erleben ...

Prinzessin öffnet die Augen. Eine Zeit sitzt sie einfach nur hier und achtet auf ihren Atem. Ihr Atem geht ein und aus, ein und aus, ganz ruhig und gleichmäßig, ganz von allein ... Neben ihr schläft Ritter Blech mit offenen Augen ...

Prinzessin rutscht auf dem Sofa vor und steigt über den Zeitschriftenstapel und das Kissen auf den Fußboden … Sie trippelt zur offenen Terrassentür und schlüpft durch den Spalt …

Auf den Steinplatten der Terrasse bleibt sie stehen. Die frische Luft! … Die Lieder der Vögel! … Prinzessin schließt ihre Augen und achtet ein Weilchen auf alles, was sie um sich hören kann … Sie achtet darauf, was sie hören kann und versucht, sich alles zu merken … Ob es nahe ist oder fern … Ob es laut ist oder leise …

Prinzessin öffnet die Augen wieder. Das ist ein Spiel, das sie mit Ritter Blech schon häufig gespielt hat … Und bei dem sie immer wieder staunt, wie die Welt neu wird und tief … Und dass es Dinge zu entdecken gibt, die ihr sonst nie auffallen … Prinzessin nimmt sich vor, das Spiel auch mit Ritter Blech bald wieder zu spielen …

Dann geht sie über die Terrasse in das weiche Gras der Wiese hinein … Die Büsche blühen immer noch – oder sind das jetzt andere als das letzte Mal? … Die Schnecke, die sie mit Ritter Blech gefunden hat, ist nirgends zu sehen … Aber die Vögel pfeifen so schön wie immer … Am Himmel ziehen Wolken …

Prinzessin schaut zu den Wolken hinauf und freut sich über ihre Ruhe und Langsamkeit. Gerne würde sie einmal auf einer Wolke über das Land reisen und alles von oben sehen … das Haus … den Garten … die Wiese … andere Häuser … die ganze Siedlung vielleicht … und den Fluss, von dem Sarah immer erzählt … und die Schafe, die dort weiden …

Ein Geräusch am Gartenzaun! Als Prinzessin hinschaut, sieht sie die Katze vom Nachbarn unter den Zaun auf die Wiese kriechen … Die Katze schüttelt sich … Und steht ganz starr, als sie Prinzessin sieht … Auch Prinzessin steht still …

Der Wind aber weht trotzdem … Er trägt Blütenduft über das duftende Gras … Er bringt das Lied einer Amsel mit sich …

Die Katze schüttelt den Kopf … Dann schleicht sie weiter, an Prinzessin vorbei …

Auch Prinzessin geht weiter … Sie hat weiter hinten im Garten einen Teich entdeckt … Schilfrohre stehen am Ufer … Auf dem Wasser schwimmen Seerosenblätter … Sie blühen noch nicht … Auf einem Seerosenblatt hockt ein Frosch … Er sitzt ganz ruhig in der Frühlingssonne … Ob er Prinzessin wohl sieht? Prinzessin jedenfalls sieht ihn … Sie schaut ihm ein Weilchen zu, wie sich seine Brust leicht mit seinem Atem bewegt …

Plötzlich springt der Frosch ins Wasser. Ein Plumps – und er ist zwischen den Seerosenblättern verschwunden … Wellenkreise ziehen, dann liegt der Teich wieder ruhig … Nur ein paar Fliegen summen im Licht …

Prinzessin ist zum Haus gegangen. Durch den Spalt der Terrassentür schlüpft sie ins Innere ... Vorsichtig klettert sie über das Kissen und den Zeitschriftenstapel auf das Sofa ... Ritter Blech schläft noch immer mit offenen Augen ... Prinzessin setzt sich neben ihn ... Sie atmet einmal tief durch ... Dann schließt sie die Augen ...

Und nun kommt die Traumreise langsam zum Ende, und du kehrst zurück in den Raum ... Du spürst wieder den Raum um dich und hörst seine Geräusche ... Die Ruhe ist weiter in dir. Und die Kraft. Du spürst vielleicht, wie die Ruhe und die Kraft in dir stärker geworden sind ... Die Augen können sich wieder öffnen ... Atme tief durch! Reck dich und streck dich ...

## Ritter Blech auf der Schaukel

Mach es dir ganz bequem ... Während du dich noch räkelst, kannst du schon beginnen, angenehm ruhiger zu werden ... Deine Augen können noch offen bleiben und auch zu ruhen beginnen – oder sie können sich schließen und die angenehme Ruhe spüren ... Du hörst vielleicht noch Geräusche um dich, im Raum ... oder von draußen ... Und irgendwann können die Geräusche und jede Bewegung ganz gleichgültig werden ... Und du spürst vielleicht schon, wie gut es sich anfühlt, einfach so da zu sein und eine Traumreise zu erleben ...

Im Garten pfeifen Vögel. Ihre Stimmen verschmelzen miteinander zu einem Chor. Obwohl nichts verabredet ist, obwohl jede Amsel für sich alleine singt und genauso wie sie will, gehören alle Stimmen zu einem einzigen Lied ... Es ist der Frühling, der singt ... Es ist der Frühling, der nirgendwo ist – und überall ...

Sarah schaukelt im Garten auf dem Brett, das ihr Vater in den Apfelbaum gehängt hat ... Es geht auf – und ab, auf – und ab ... Die Luft rauscht begeistert an Sarah vorbei ... Sarah schaukelt den Garten ... Sarah schaukelt den Himmel ...

Hat da nicht die Mutter gerufen? Sarah schaukelt noch einigemal hin und her ... Dann fällt ihr der Ausflug ein ... Sarah lässt die Schaukel langsam zur Ruhe kommen ... Sarah steigt von der Schaukel ...

Es ist gar nicht so einfach, Ritter Blech ohne Rückenlehne auf die Schaukel zu setzen – aber endlich hat Sarah es geschafft ... Die Schaukel ist nun ganz zur Ruhe gekommen ...

Ritter Blech schaut sie an ... Er ist ganz ruhig ... Sarah lächelt ihm zu: „Bis bald!", sagt sie und geht mit langsamen Schritten zum Haus. An der Terrassentür schaut sie sich noch einmal um und winkt, dann verschwindet sie im Inneren des Hauses ...

Ritter Blech schließt die Augen – und öffnet sie wieder ... Sarah ist fort, der Garten ist immer noch da ... Die Vögel singen so schön wie zuvor ... Am Himmel ziehen weiße Wolken ...

Das Geräusch beim Haus kennt Ritter Blech: Das Garagentor öffnet sich ... Jetzt wird ein Auto angelassen und fährt langsam an ... Das Garagentor schließt sich wieder ... Das Auto ist noch ein paar Windstöße lang zu hören, dann verschwindet es hinter dem Vogellied ...

Der Wind redet mit den Blüten des Baumes ... Ritter Blech kann den Duft der Blüten riechen ... Ritter Blech spürt auch den leichten Zug des Windes ... Die Wolken am Himmel ziehen noch immer ... Ritter Blech spürt die Ruhe in ihrem langsamen Zug ... Und ihre Kraft ... Niemand hält jemals die Wolken auf ... Niemand hält jemals ihre Ruhe und ihre Langsamkeit auf ...

Ritter Blech spürt seine Schwere auf der Schaukel ... Er spürt in der Ruhe, wie schwer er ist ... dieses angenehme Gefühl ... das noch einmal ruhiger macht ... Ritter Blech spürt die Schwere in sich ...

Im weiten Raum zwischen den Wolken, scheint die Sonne ... Gerade blinzelt sie zwischen den Zweigen durch ... Ritter Blech schließt seine Augen ... Er spürt das warme Licht ... Er spürt die Wärme auch in sich ... Die Wärme strömt durch seinen ganzen Körper ... Er ist schön warm ...

Ritter Blech spürt seinen Atem gehen ... Der Atem strömt ein und aus, ein und aus, ganz ruhig und gleichmäßig, ganz von allein ...

Die weißen Wolken ziehen noch immer ... Die Ruhe ist noch stärker geworden ... Die Vögel pfeifen schöner denn je ... Der Garten ist voller Blüten ...

Und nun kommt die Traumreise langsam zum Ende, und du kehrst zurück in den Raum ... Du spürst wieder den Raum um dich und hörst seine Geräusche ... Die Ruhe ist weiter in dir. Und die Kraft. Du spürst vielleicht, wie die Ruhe und die Kraft in dir stärker geworden sind ... Die Augen können sich wieder öffnen ... Atme tief durch! Reck dich und streck dich ...

# Unter dem Blütenbaum

Mach es dir ganz bequem ... Während du dich noch räkelst, kannst du schon beginnen, angenehm ruhiger zu werden ... Deine Augen können noch offen bleiben und auch zu ruhen beginnen – oder sie können sich schließen und die angenehme Ruhe spüren ... Du hörst vielleicht noch Geräusche um dich, im Raum ... oder von draußen ... Und irgendwann können die Geräusche und jede Bewegung ganz gleichgültig werden ... Und du spürst vielleicht schon, wie gut es sich anfühlt, einfach so da zu sein und eine Traumreise zu erleben ...

An einem Frühlingsmorgen vor Sonnenaufgang ist das Lied der Amseln besonders schön ... Ein Vogel beginnt ... Nach und nach fallen die anderen ein ... Ganz hinten klingt eine Stimme auf ... Gleich gegenüber vom Dach eines Hauses antwortet eine andere ...

Die alte Katze blinzelt vor dem Haus auf dem Mäuerchen ... Aber die Amseln sind vorsichtig, sie lassen sich nicht erwischen ... Die Katze reckt sich und streckt sich ... Dann legt sie sich hin und schließt die Augen ...

Die Farben des Tages entstehen aus dem Amselgesang ... ganz sacht, aber unaufhaltsam ... sie werden kräftiger, wenn die Sonne erscheint ... Vielleicht gefällt dir eine Farbe besonders, vielleicht findest du mehrere schön ...

An diesem Morgen haben sich die Blüten des Baums geöffnet ... Erste Sonnenstrahlen berühren das Weiß, lassen es strahlen ... Eine tiefe Ruhe liegt um ihren Glanz ... Vielleicht kannst du die Ruhe spüren ...

Die ersten Bienen fliegen heran ... Sie suchen nach Nektar für ihren Bienenstock, dort machen sie Honig daraus ... In den Blüten des Baums suchen sie Nektar und tragen ihn in ihren Stock ...

An der Hausecke steht eine Regentonne, mit Wasser gefüllt ... Der Spiegel des Wassers ist unbewegt ... Weiße Wolken erscheinen darin ... Die ziehen ganz langsam ... Und da spiegelt sich auch ein Blütenzweig ...

Aus dem Blütenzweig löst sich etwas und taumelt zur Erde ... Ein Blütenblatt ist es, das fällt gerade hinein in die Regentonne ... Aber es stört die Ruhe des Spiegels nicht, dazu ist es zu leicht, viel zu leicht ...

In den Garten hinein führen Trittsteine ... Auf einem der Trittsteine kriecht eine Weinbergschnecke ... Es ist noch gar nicht lange her, dass sie aus ihrer Winterstarre erwacht ist ... Ihr Schneckenhaus hatte sie halb eingegraben und die Öffnung verschlossen. Jetzt kriecht sie wieder gemütlich durch die Welt und hinterlässt ihre Spur ...

Ob sie auch die Amseln hört? ... Ob sie sich auch am Amselgesang freuen kann? ...

Vielleicht ist der Komposthaufen hinten im Garten ihr Ziel ... Vielleicht kriecht die Weinbergschnecke einfach nur so, weil es ihr Freude macht ...

Auf das Schneckenhaus fällt ein Blütenblatt ... das ist so leicht, ganz leicht ... Die Schnecke hat gar nichts bemerkt und trägt nun das Blütenblatt hinein in das Gras ...

Auf dem Mäuerchen hat sich die Katze ganz bequem hingelegt. Ihre Augen sind geschlossen ... Es ist schön warm hier ... Vielleicht spürst du die Wärme auch in dir ...

Die Katze scheint zu schlafen – oder sie ruht ganz tief ... Vielleicht ist ein Schnurren zu hören, aus ihrem Traum ... Die Katze spürt die Ruhe und die Kraft tief in sich stärker werden ...

Die Blüten im Baum leuchten noch immer ... Die Bienen fliegen noch immer, wie goldene Funken, und tragen den Nektar durch den Himmel in ihren Stock ...

Und nun kommt die Traumreise langsam zum Ende, und du kehrst zurück in den Raum ... Du spürst wieder den Raum um dich und hörst seine Geräusche ... Die Ruhe ist weiter in dir. Und die Kraft. Du spürst vielleicht, wie die Ruhe und die Kraft in dir stärker geworden sind ... Die Augen können sich wieder öffnen ... Atme tief durch! Reck dich und streck dich ...

## Leon und die Windmühle

Mach es dir ganz bequem ... Während du dich noch räkelst, kannst du schon beginnen, angenehm ruhiger zu werden ... Deine Augen können noch offen bleiben und auch zu ruhen beginnen – oder sie können sich schließen und die angenehme Ruhe spüren ... Du hörst vielleicht noch Geräusche um dich, im Raum ... oder von draußen ... Und irgendwann können die Geräusche und jede Bewegung ganz gleichgültig werden ... Und du spürst vielleicht schon, wie gut es sich anfühlt, einfach so da zu sein und eine Traumreise zu erleben ...

Leon hat im Garten eine Windmühle gebaut, gleich hinter dem kleinen Teich ... Nun steht er da und wartet ... Aber die Flügel der Windmühle bewegen sich nicht ... Wenn er sie anschubst, drehen sie sich – aber nur kurz, dann halten sie wieder an ...

Leon steht eine Weile und betrachtet die Windmühle ... Schön ist sie geworden! ... Leon wartet auf den Wind ...

Ob er die Lieder der Vögel hört? ... Die singen so schön durch den Garten! ...

Ob er die Blüten der Büsche sieht? ... Ihr Duft ist überall ...

Den Schmetterling jedenfalls sieht er. Und schaut ihm nach, wie er über die Wiese flattert und irgendwo über dem Zaun im Garten des Nachbarn verschwindet ...

Vom Teich tönt ein Plumps. Leons Augen wandern dorthin ... Aber er sieht nur Seerosenblätter schwanken ... Ob dort ein Frosch gesprungen ist? ... Leon fällt auf, dass sich die ersten Seerosenblüten aus dem Grün erhoben haben ... Aber noch sind sie verschlossen ...

Eine Libelle steht in der Luft über dem Teich ... Im Licht der Sonne blitzen die Farben ihres Leibes ... Ihre Flügel sind gar nicht zu sehen, nur ein Flimmern, so schnell schlagen sie ... Die Libelle aber bewegt sich ganz langsam ...

Da kommt Wind auf, und Leon schaut schnell zurück auf seine Windmühle ... Ihre Flügel drehen sich nicht ... Leon gibt den Flügeln einen Schubs ... Aber der Wind ist abgeebbt, die Flügel kommen gleich wieder zur Ruhe ... Am Himmel ziehen weiße Wolken ... Die Vögel im Garten singen noch immer ...

Leon ist über die Wiese ins Haus gegangen ... Die Windmühle steht immer noch da ... im Vogelgesang ... weit unter dem Ziehen der weißen Wolken ...

Ein Frosch ist auf eines der großen Seerosenblätter geklettert ... Nun schaut er über das Wasser, gerade dorthin, wo die Windmühle steht ... Ob er weiß, dass sie gestern noch nicht dort stand? ... Ob er weiß, dass die Flügel sich drehen können? ...

Hinter dem Haus tönt eine Radklingel ... Leon und Sarah sind aufgestiegen und fahren davon ... Noch ein Klingelton, schon weiter weg, kaum mehr zu hören ... Die Vögel im Garten singen wie immer ...

Wind kommt auf ... Mit einem Ruck setzen sich die Flügel der Windmühle in Bewegung, immer rundherum ... Erst geht es langsam ... aber der Wind wird kräftiger, und die Flügel der Windmühle drehen sich schnell ... Im Wind sind die Vögel schlechter zu hören – aber dafür die Blätter der Bäume ... Und knarrt dort nicht sogar ein Baum? ...

Die Flügel der Windmühle drehen sich lustig rundherum ... Sie geben sich ganz in den Wind ... Sie sind die Freunde des Windes ...

Nach einer Weile wird der Wind wieder schwächer ... Die Flügel der Windmühle werden langsamer ... schließlich stehen sie still ... Sie sind

die Freunde der Stille ...
Die weißen Wolken ziehen noch immer ... Vögel singen ringsum ... Aus der Tiefe des stillen Teichs steigen Luftblasen ...

Und nun kommt die Traumreise langsam zum Ende, und du kehrst zurück in den Raum ... Du spürst wieder den Raum um dich und hörst seine Geräusche ... Die Ruhe ist weiter in dir. Und die Kraft. Du spürst vielleicht, wie die Ruhe und die Kraft in dir stärker geworden sind ... Die Augen können sich wieder öffnen ... Atme tief durch! Reck dich und streck dich ...

## Der Drachen und die Lerche

Mach es dir ganz bequem ... Während du dich noch räkelst, kannst du schon beginnen, angenehm ruhiger zu werden ... Deine Augen können noch offen bleiben und auch zu ruhen beginnen – oder sie können sich schließen und die angenehme Ruhe spüren ... Du hörst vielleicht noch Geräusche um dich, im Raum ... oder von draußen ... Und irgendwann können die Geräusche und jede Bewegung ganz gleichgültig werden ... Und du spürst vielleicht schon, wie gut es sich anfühlt, einfach so da zu sein und eine Traumreise zu erleben ...

Sarah und Leon sind auf die Wiesen vor der Siedlung geradelt. Sie haben ihren neuen Drachen dabei ...
Die Kinder schauen in den Himmel hinein ... Dort ziehen weiße Wolken ... langsam ... In den Bäumen an der Straße aber redet der Wind ... Der Wind schlägt Zweige aneinander, der Wind schlägt junge Blätter aneinander, der Wind entlockt ihnen Töne ... ein Rauschen ... ein Knarren ...
Sind es die Blätter, die rauschen – oder ist es der Wind? ...
Sind es die Äste, die knarren – oder ist es der Wind? ...
Der Wind beugt auch die Grashalme der Wiese ... Das Gras ist noch frisch und jung und kurz ... Das gibt fast gar kein Geräusch ...
Da segelt der Drachen schon am Himmel ... Sein Schweif tanzt fröhlich im Wind ... Die Leine hat Leon gefasst ... Jetzt gibt er sie an Sarah weiter ... Leon schützt die Augen mit einer Hand vor der Sonne und schaut zu, wie der Drachen tanzt ...
Hin und her, her und hin ... Und der Schweif des Drachens tanzt

einen eigenen Tanz dazu ...

Das Lied der Lerche ist nur schwach zu hören ... Manchmal wird es ganz vom Wind verschluckt ... Aber dann wieder, wenn der Wind gerade aus der Richtung kommt, wo die Lerche am Himmel fliegt, ist es besonders deutlich ...

Die Strophen des Lerchenlieds sind lang, sehr lang ... Sie sind länger als die Strophen aller anderen Vögel ... Die Melodie scheint in sich selbst zu kreisen ... Unmöglich für einen Menschen, das nachzusingen ... Es ist eben das Lied einer Lerche, das die Lerche am besten von allen kann ... Es ist das Lied, das die Lerche als einzigste kann ...

Ob die Lerche den Drachen sieht, der wie sie am Himmel steht? ... Ob sie sich wundert, wie unruhig er tanzt? ... Der Flug der Lerche ist ganz ruhig, obwohl sie auch, wie der Drache, über einer Stelle der Wiese schwebt ...

Vielleicht hören die Wolken das Lerchenlied ...

Vielleicht hört die Sonne das Lerchenlied ...

Vielleicht hört der Drachen das Lerchenlied ...

Sarah und Leon hören das Lerchenlied gut ... Aber sie achten nicht darauf, sie achten ganz auf ihren Drachen ...

Der Drachen tanzt immer noch am Himmel ... Er tanzt hin ... er tanzt her ...

Der Schweif des Drachens tanzt seinen eigenen Tanz ...

Über Drachen und Lerche ziehen weiße Wolken ... Vielleicht kannst du die Ruhe der weißen Wolken spüren ... Vielleicht spürst du etwas von der Ruhe der weißen Wolken auch in dir ...

Und nun kommt die Traumreise langsam zum Ende, und du kehrst zurück in den Raum ... Du spürst wieder den Raum um dich und hörst seine Geräusche ... Die Ruhe ist weiter in dir. Und die Kraft. Du spürst vielleicht, wie die Ruhe und die Kraft in dir stärker geworden sind ... Die Augen können sich wieder öffnen ... Atme tief durch! Reck dich und streck dich ...

# Eierschalen im Gras

Mach es dir ganz bequem ... Während du dich noch räkelst, kannst du schon beginnen, angenehm ruhiger zu werden ... Deine Augen können noch offen bleiben und auch zu ruhen beginnen – oder sie können sich schließen und die angenehme Ruhe spüren ... Du hörst vielleicht noch Geräusche um dich, im Raum ... oder von draußen ... Und irgendwann können die Geräusche und jede Bewegung ganz gleichgültig werden ... Und du spürst vielleicht schon, wie gut es sich anfühlt, einfach so da zu sein und eine Traumreise zu erleben ...

Sarah erstarrt. Hoppelt dort nicht etwas vom Waldrand in das grüne Gras? Sie schaut ihren Bruder von der Seite an, aber der hat anscheinend nichts bemerkt. Leon geht ein paar Schritte weiter, dann hockt er sich in das Gras am Wegrand. „Hier war er!", ruft er.

Auch Sarah hockt sich hin und hebt eine der bunten Eierschalen auf ...

„Glaubst du, der Osterhase hat uns vergessen?", fragt sie.

„Jemand anderes hat das Nest vor uns gefunden", sagt Leon.

Die Eltern haben aufgeholt und gehen nun an ihnen vorbei. „Ich habe so einen Verdacht, dass der Osterhase etwas auf dem Grundstück von Tante Erna versteckt hat", sagt Papa geheimnisvoll. Mutter lächelt.

„Hört ihr die Vögel?", fragt sie. „Wenn wir ihre Sprache verstehen könnten, dann wüssten wir es genau!"

Die Kinder lauschen dem Gesang der Vögel. Manche klingen aus dem Wald, andere aus den Obstwiesen. Die Kinder verstehen nicht, was die Vögel singen. Aber der Gesang ist schön. Vielleicht kommt es gar nicht darauf an, den Gesang zu verstehen ... Vielleicht ist nur die Schönheit wichtig ... Jedenfalls jetzt ... Am Himmel ziehen prächtige Wolken ...

Von der Siedlung tönt der Schlag einer Glocke. Leon nimmt sich vor, die Glockenschläge zu zählen – aber dann lauscht er doch wieder dem Vogelgesang ...

Dass sich die vielen Stimmen der Vögel gegenseitig nicht stören ... Und auch die Glockenschläge stören sie nicht ... Alles existiert nebeneinander und kommt ohne weiteres miteinander gut aus ... Sogar die Geräusche eines Traktors mischen sich friedlich hinein ... Und am Himmel das Grollen wird wohl ein Flugzeug sein ...

Sie gehen weiter durch die duftende Welt ... Der Duft kommt von den blühenden Hecken am Weg ... Bienen summen um die Blüten herum ... Ab und zu verschwindet eine im Himmel ...

Wo sie nur ihre Nester haben?", fragt Sarah. Vielleicht sind es die

Bienenkästen, die ein Imker hinter der Siedlung aufgestellt hat ... Vielleicht ist es ein wildes Nest, irgendwo im Wald, in einem hohlen Baum ...
Am Grundstück von Tante Erna schließt Papa das Gartentor auf. Die Kinder untersuchen gleich jeden Winkel ... Und wirklich, bald haben sie ein paar Ostereier und kleine Geschenke zusammengetragen ... Nach einer Weile ziehen sie weiter, zur Siedlung zurück ...
Als das Gartentor zuschlägt, wird es im Gärtchen wieder ganz still ... Nun liegen auch hier ein paar Eierschalen im Gras – und sogar etwas Schokopapier ...
Am Fliederbusch das blaue Ei hat niemand gefunden ... Da liegt es, ganz still ... Die Vogellieder durchklingen den Garten ... Das blaue Ei liegt einfach nur still, Stunde um Stunde ...

Und nun kommt die Traumreise langsam zum Ende, und du kehrst zurück in den Raum ... Du spürst wieder den Raum um dich und hörst seine Geräusche ... Die Ruhe ist weiter in dir. Und die Kraft. Du spürst vielleicht, wie die Ruhe und die Kraft in dir stärker geworden sind ... Die Augen können sich wieder öffnen ... Atme tief durch! Reck dich und streck dich ...

## Der Wind des Frühlings

Mach es dir ganz bequem ... Während du dich noch räkelst, kannst du schon beginnen, angenehm ruhiger zu werden ... Deine Augen können noch offen bleiben und auch zu ruhen beginnen – oder sie können sich schließen und die angenehme Ruhe spüren ... Du hörst vielleicht noch Geräusche um dich, im Raum ... oder von draußen ... Und irgendwann können die Geräusche und jede Bewegung ganz gleichgültig werden ... Und du spürst vielleicht schon, wie gut es sich anfühlt, einfach so da zu sein und eine Traumreise zu erleben ...

Der Frühlingswind weht über das Land ... Woher er kommt, weiß niemand ... Wohin er geht, weiß niemand ... Er ist einfach da ... Mal wird er stärker, mal wird er schwächer ... Mal ist er kaum zu spüren, mal scheint er ganz zum Stillstand gekommen zu sein ... Aber dann hebt er wieder an und fährt in alle Winkel der Welt ...
An einem Busch bläst der Wind um erste Blüten ... Hier sind gerade Knospen aus dem braunen Zweig entsprungen ... Gleich daneben haben sie sich schon in den Himmel geöffnet ... Und da fliegt eine Biene auf

eine Knospe und saugt vom süßen Nektar ... An manchen Stellen bricht das Grün neuer Blätter aus der Rinde ... Der Busch hat sich in den Frühling geöffnet ...

Unter dem Busch lagert ein großer Stapel Dachziegel ... Vor langer Zeit hat jemand die Ziegel abgestellt, seither stehen sie hier ... Der Wind bläst auch über den Stapel und durch alle Ritzen hindurch ... Die Ziegel werden nur weiter braun und beginnen hier und da schon zu bröckeln ...

In der Wiese hat es ganz unmerklich zu grünen begonnen ... Das Gras war den ganzen Winter schon da ... aber nun beginnt es langsam grüner zu werden und wieder zu wachsen ... Der Frühlingswind bewegt leicht alle Halme ... Das Gras erneuert sich und wächst in die Wärme des Frühlings hinein ...

Der Weg an der Wiese führt über einen kleinen Bach ... Im Wasser fächeln Forellen die Strömung ... Das Brückengeländer ist verrostet ... Der Wind des Frühlings pfeift über die Brücke ... aber der Rost wird nur immer noch mehr ...

Im Wipfel des Baumes bauen zwei Vögel ein Nest ... Der Wind des Frühlings weht um alle Zweige und Blätter ... Bald werden im Nest Eier liegen ... Und bald werden junge Vögel sich in das Nest schmiegen ... Sie werden wachsen ... Und endlich werden sie sich mit ihren Flügeln in den Himmel werfen und durch die Lüfte fliegen, so wie jetzt ihre Eltern ... Der Wind des Frühlings bläst über das wachsende Nest ...

Unter dem Baum liegt eine alte Blechbüchse ... Vor langer Zeit hat sie jemand weggeworfen ... Seither rostet sie vor sich hin ... Mit der Zeit ist sie halb in den Boden eingesunken ... Der Wind des Frühlings weht über die Dose hinweg ... Sie wird nie wieder neu, sie wird immer nur älter werden und völlig verrosten ...

„Es wird Frühling – da fühlt sich jeder gleich jünger und will wieder mehr unternehmen", sagt der Vater. „Morgen machen wir einen Ausflug!"

Sarah und Leon schauen in den Garten hinaus ... Der Wind des Frühlings weht durch die Bäume und bringt ihre Zweige ein wenig zum Schwingen ... Kann sein, dass sie tanzen ... Kann sein, die Gräser tanzen auch ein wenig dazu ...

Und nun kommt die Traumreise langsam zum Ende, und du kehrst zurück in den Raum ... Du spürst wieder den Raum um dich und hörst seine Geräusche ... Die Ruhe ist weiter in dir. Und die Kraft. Du spürst vielleicht, wie die Ruhe und die Kraft in dir stärker geworden sind ... Die Augen können sich wieder öffnen ... Atme tief durch! Reck dich und streck dich ...

# Der alte Bahnhof

Mach es dir ganz bequem ... Während du dich noch räkelst, kannst du schon beginnen, angenehm ruhiger zu werden ... Deine Augen können noch offen bleiben und auch zu ruhen beginnen – oder sie können sich schließen und die angenehme Ruhe spüren ... Du hörst vielleicht noch Geräusche um dich, im Raum ... oder von draußen ... Und irgendwann können die Geräusche und jede Bewegung ganz gleichgültig werden ... Und du spürst vielleicht schon, wie gut es sich anfühlt, einfach so da zu sein und eine Traumreise zu erleben ...

Der alte Bahnhof ist schon lange außer Betrieb. Ganz früher fuhren hier Züge durch ... Ein paar hielten an ... Aber kaum jemand stieg aus ... Und kaum jemand stieg ein ... Dann kam eine Zeit, während der keine Züge mehr anhielten ... Und dann fuhren nicht einmal mehr Züge durch ... Seither steht der alte Bahnhof verlassen ...

Von den Wänden bröckelt Putz ... Aber aus dem Boden sind mit dem Frühling Blumen gesprossen, so sieht man den abgefallenen Putz kaum mehr ...

Die Farben der Blumen sind gelb und rot ... Eine Hummel brummt in einen Kelch, um nach Nektar zu suchen ... Und schon fliegt sie wieder heraus und schwirrt zur nächsten Blume ...

Durch das wilde Gras schleicht eine Katze ... Die Vögel in den Bäumen über ihr scheinen sie auszupfeifen ... Langsam geht sie durch den Garten zum Zaun ...

Der Garten auf der anderen Seite des Zauns ist gut gepflegt ... Die Katze schleicht unter den Hecken zum Haus ...

In einer der Hecken sind bunte Eier aufgehängt, Ostereier sind es – leicht bewegen sie sich mit jeder Bewegung der Zweige ...

Die Düfte des Gartens sind ganz andere, als noch vor ein paar Wochen, viel stärker ... Und in ein paar weiteren Wochen werden es wieder andere sein ...

Ob auch die Weinbergschnecke die Düfte riecht? ... Ihre Fühler bewegen sich elegant durch die Luft, als sie langsam, ganz langsam ihres Weges kriecht ...

Ob auch die Vögel die Düfte riechen? ... Überall im Garten und in der Nachbarschaft singen sie ihre Lieder ...

Ob auch der Schmetterling die Düfte riecht? ... Er flattert durch den Garten, über den Gartenzaun, hinüber zum alten Bahnhof ...

Dort scheint inzwischen gar nichts geschehen zu sein ... Aber irgendetwas geschieht immer ...

Vielleicht ist das Gras ein kleines bisschen höher gewachsen ...

Vielleicht haben sich die Blumen ein kleines bisschen weiter geöffnet ...

Vielleicht ist ein weiterer Teil vom Putz der Hauswand gebröckelt, auf die Erde unter den Blumen ...

Vor dem Bahnhof rosten Schienen ... Zwischen den Schienen aber wachsen kleine Stämmchen von Birken ... Immer mehr überwuchern Blumen und Gras die früheren Schwellen ...

Die Uhr am alten Bahnhof ist schon lange stehengeblieben ... Aber die Schatten bewegen sich mit dem Lauf der Sonne über sie hin, wie bei einer Sonnenuhr ...

Am Himmel ziehen weiße Wolken ... Der Wind des Frühlings weht über alles hin ... Die Ruhe und Kraft in ihm kann immer noch stärker werden ...

Und nun kommt die Traumreise langsam zum Ende, und du kehrst zurück in den Raum ... Du spürst wieder den Raum um dich und hörst seine Geräusche ... Die Ruhe ist weiter in dir. Und die Kraft. Du spürst vielleicht, wie die Ruhe und die Kraft in dir stärker geworden sind ... Die Augen können sich wieder öffnen ... Atme tief durch! Reck dich und streck dich ...

# Sommer

## Seifenblasen

Mach es dir ganz bequem ... Während du dich noch räkelst, kannst du schon beginnen, angenehm ruhiger zu werden ... Deine Augen können noch offen bleiben und auch zu ruhen beginnen – oder sie können sich schließen und die angenehme Ruhe spüren ... Du hörst vielleicht noch Geräusche um dich, im Raum ... oder von draußen ... Und irgendwann können die Geräusche und jede Bewegung ganz gleichgültig werden ... Und du spürst vielleicht schon, wie gut es sich anfühlt, einfach so da zu sein und eine Traumreise zu erleben ...

Im Garten, mitten in der Wiese, steht eine große Schnecke aus Ton. Sie bewegt sich nicht, ihre Fühler zeigen immer gerade hinein in die Welt ...

Neben ihr kriecht eine kleine Schnecke durch das Gras ... Die langen Halme bewegen sich ... Wenn jemand ganz feine Ohren hätte, hörte er vielleicht leise Geräusche ...

Bald hat die Schnecke es durch das Gewirr der Halme geschafft. Jetzt kommt der Gartenweg, da liegen Steinplatten, auf denen gut kriechen ist ... Die Fühler der Schnecke bewegen sich leicht durch die Luft ... Die große Schnecke aus Ton liegt nun schon weit hinten ...

Im Baum ein Vogel pfeift ein paar Töne ... Dann ist er stumm. Er lauscht ... Er schaut ... Sieht er wohl die kleine Schnecke von seinem Platz zwischen den Blättern? ... Sieht er wohl, wie hinter der Schnecke eine Spur glänzt? ... Nun pfeift er wieder ein paar Töne ... um dann erneut zu lauschen ...

Im Himmel summen Insekten vorbei – eigentlich Leckerbissen für den Vogel ... Aber er ist gerade ganz in das Pfeifen und Lauschen vertieft ... Pfeifen und Lauschen ... wobei das Pfeifen immer ein bisschen kürzer und das Lauschen immer ein bisschen länger wird ...

Hinter der Rosenhecke am Haus taucht eine Seifenblase auf ... Fast unsichtbar schwebt sie durch den Himmel ... Nur ihr Schimmer verrät sie ... Plötzlich ist sie verschwunden ...

Weitere Seifenblasen erscheinen ... Manche platzen schnell, andere schweben wie schwerelos in den Garten ... Der Vogel pfeift wieder ein paar Töne ... Zittern die Seifenblasen nicht? ... Eine platzt. Die anderen schweben weiter, in das Lauschen des Vogels hinein ...

Die Seifenblasen schweben im Licht ... Das ist wie ein Meer ... Auf den Seifenblasen tanzen die Farben des Lichts ...

Wieder singt der Vogel ein paar Töne. Wieder platzt eine Seifenblase. Die anderen schweben weiter, wie schwerelos ... Die Zeit scheint ganz, ganz langsam zu vergehen ... Eigentlich müssten die Seifenblasen schon lange geplatzt sein ... Doch einige schweben noch immer ... Sie schweben in das Lauschen des Vogels hinein ... Die langsame Bewegung der Seifenblasen in der Luft ... Die langsame Bewegung der durchsichtigen Farben auf den Seifenblasen ...

Eine Biene summt an den Seifenblasen vorbei. Ihre Flügel bewegen die Luft ... Die Seifenblasen scheinen ganz leicht zu schwanken ...

Der Vogel singt wieder ein paar Töne. Eine der Seifenblasen platzt ... Die anderen schweben weiter, in das Lauschen des Vogels hinein ...

Eine der Seifenblasen schwebt tiefer ... Bald gleitet sie über dem Gartenweg ... Immer tiefer senkt sich die Seifenblase ... Gerade dort, wo die kleine Schnecke noch immer über den Gartenweg kriecht, wird die Seifenblase landen ... Ein Fühler der Schneckt berührt die Seifenblase – sie platzt! Erschrocken zieht die Schnecke ihre Fühler ein, zieht ihren ganzen Kopf ein, zieht ihren ganzen Leib ein, verkriecht sich in ihrem Haus ...

Der Vogel singt wieder ein paar Töne. Keine Seifenblasen sind übrig ... Aber da, an der Rosenhecke, von der Terrasse des Hauses, schweben schon neue über das Gras ... Sie schimmern im Licht ... Wie schwerelos schweben sie in das Lauschen des Vogels hinein ...

Und nun kommt die Traumreise langsam zum Ende, und du kehrst zurück in den Raum ... Du spürst wieder den Raum um dich und hörst seine Geräusche ... Die Ruhe ist weiter in dir. Und die Kraft. Du spürst vielleicht, wie die Ruhe und die Kraft in dir stärker geworden sind ... Die Augen können sich wieder öffnen ... Atme tief durch! Reck dich und streck dich ...

# Regentag

Mach es dir ganz bequem ... Während du dich noch räkelst, kannst du schon beginnen, angenehm ruhiger zu werden ... Deine Augen können noch offen bleiben und auch zu ruhen beginnen – oder sie können sich schließen und die angenehme Ruhe spüren ... Du hörst vielleicht noch Geräusche um dich, im Raum ... oder von draußen ... Und irgendwann können die Geräusche und jede Bewegung ganz gleichgültig werden ... Und du spürst vielleicht schon, wie gut es sich anfühlt, einfach so da zu sein und eine Traumreise zu erleben ...

Schon früh am Morgen, als es noch dämmerte, fiel Regen ... Und der Regen fällt immer noch ... Das Dach des Hauses ist nass ... Wasser strömt die Dachziegel abwärts, platscht in die Dachrinne ... sammelt sich dort – und rauscht am Eck des Hauses hinab in die Erde ...

Wenn du genau hinsiehst, dann siehst du vielleicht, dass das Dach des Hauses im Regen glänzt ... Es ist ein Glanz, der sonst nicht da ist – und der schön ist ...

Der Regen fällt auch auf das Mäuerchen vor dem Haus ... Wo sonst die Katze gern sitzt und ruhig in das Licht schaut, ist es nun nass ... Ab und zu gehen Regenschirme vorbei, ab und zu fährt ein Auto ...

Auch die Straße ist nass ... Große Pfützen haben sich gebildet, in die weitere Tropfen fallen ... Jeder Tropfen zerstört die Glätte der Pfütze unter sich und lässt einen Wellenkreis um sich wachsen, in dem das Wasser der Pfütze wieder glatt wird ... Und da kommt schon der nächste Tropfen, der die Glätte wieder zerstört ...

Am Geländer eines Balkons wachsen Tropfen ... Ab und zu fällt ein Tropfen ab, wenn er zu groß und zu schwer geworden ist ... Und schon bildet sich wieder ein neuer ...

An der Fensterscheibe rinnt Wasser ... Mal stockt es, mal strömt es weiter ... Hinter dem Glas leuchtet ein Gesicht, das hinaus in den Regen schaut ...

Im Garten gänzt das nasse Gras ... Irgendwie scheint es lebendiger als sonst zu sein, im Regen, in der Nässe, im matten Glanz ... Wenn ein Tropfen auf einen Grashalm trifft, bewegt sich der Grashalm ein wenig ... Wenn jemand ganz feine Ohren hat, hört er dazu ein feines Geräusch ...

Überall sind die kleinen Geräusche des Regens ... um die Grashalme ... um die Blumen ... um die Büsche ... in den Bäumen ... auf dem Dach des Hauses ... auf der Terrasse ... auf einem Ball, den jemand im Garten vergessen hat ... auf zwei Fahrrädern, die am Haus abgestellt sind ... Jedes kleines Geräusch klingt ein wenig anders ... Alle kleinen Geräusche der Tropfen zusammen ergeben das große Geräusch des Regens, das sich über die Stimmen der Welt legt ...

Ganz fern scheint eine Amsel zu singen, im Regen, hinter dem Vorhang des Regens ...

Ganz fern scheinen die Geräusche der Autos und Laster der Hauptstraße, die sonst viel näher klingen ...

Und ferner scheint auch ein Flugzeug, das über den Wolken fliegt ...

Alle Geräusche zusammen lassen irgendwie eine Ruhe entstehen ... Es ist eine Ruhe, die aus den Dingen zu atmen scheint ... Vielleicht kannst du deinen Atem spüren, in dieser Ruhe, wie er ein- und ausströmt, ein und aus, ganz ruhig und gleichmäßig, ganz von allein ...

Vielleicht kannst du die Ruhe in den kleinen Geräuschen spüren, die irgendwo sind ... Vielleicht kannst du die Kraft in der Ruhe spüren ... Vielleicht kannst du spüren, wie die Ruhe und die Kraft immer noch größer werden ...

Und nun kommt die Traumreise langsam zum Ende, und du kehrst zurück in den Raum ... Du spürst wieder den Raum um dich und hörst seine Geräusche ... Die Ruhe ist weiter in dir. Und die Kraft. Du spürst vielleicht, wie die Ruhe und die Kraft in dir stärker geworden sind ... Die Augen können sich wieder öffnen ... Atme tief durch! Reck dich und streck dich ...

## Linde und Wanderer

Mach es dir ganz bequem ... Während du dich noch räkelst, kannst du schon beginnen, angenehm ruhiger zu werden ... Deine Augen können noch offen bleiben und auch zu ruhen beginnen – oder sie können sich schließen und die angenehme Ruhe spüren ... Du hörst vielleicht noch Geräusche um dich, im Raum ... oder von draußen ... Und irgendwann können die Geräusche und jede Bewegung ganz gleichgültig werden ... Und du spürst vielleicht schon, wie gut es sich anfühlt, einfach so da zu sein und eine Traumreise zu erleben ...

An der Kreuzung zweier Feldwege steht ein Lindenbaum. Weit und breit ist es der einzige Baum zwischen Feldern und Äckern ...

Im Wipfel der Linde rauscht leichter Wind ... Der Wind trägt den Duft der Linde fort in die Welt, vermischt ihn dort mit den anderen Düften ...

Da ist der starke Duft von Kamille, die am Rand eines Feldes wächst ... Weiße Blütenblätter und eine gelbe Blume – so schwankt die Kamille leicht im Wind und mischt ihren Duft mit den anderen Düften ...

Da ist der schwache Duft des roten Mohns ... Die meisten Mohnblumen sind schon verblüht, ihre Blütenblätter sind abgeworfen und leuchten am Boden ... die grünen Kapseln stehen starr ...

In diesem Feld wächst Weizen ... Die Ähren des Korns sind schon gelb geworden ... Auch ihr Duft mischt sich mit den anderen Düften ... Es ist der Duft der Felder ...

Vom Himmel klingt Gesang ... Es ist das Lied einer Lerche ... Ganz lange geht eine Strophe, die Töne ineinander verschlungen, bis eine kleine Pause kommt – und die nächste Strophe beginnt ...

Wenn die Vogelscheuche ganz genau schauen würde, dann sähe sie vielleicht diese Lerche, die irgendwo am Himmel fliegt und unentwegt singt ... Aber die Augen der Vogelscheuche sind nur aus Knöpfen gemacht, damit sieht sie nicht gut ... Sie taugt nur zum Verscheuchen der Vögel vom Weizen ...

Der Wind spielt trotzdem gerne mit ihr ... Denn an die Vogelscheuche sind silberne Scheiben und Bänder geheftet, die blinken, wenn sie sich bewegt ... Und ihre Schellen klingen, wenn der Wind stärker bläst ...

Ein Wanderer hat sich im Schatten der Linde niedergelassen. Er liegt im Gras, er kaut an einem Halm – und lauscht dem Lied der Lerche ... Die Augen hat er geschlossen ... Aber hinter den Augenlidern sieht er trotzdem alles um sich, in den Geräuschen, in seiner Erinnerung ...

Sein Hut liegt neben ihm im Gras. Eine Fliege hat sich auf ihn gesetzt und reibt sich nun ihre Beine ... Da springt ein Heupferd auf den Hut und die Fliege verschwindet im Himmel ...

Das Heupferd schaut mit großen Augen in die Weite ... Es sitzt ganz ruhig ... Auch der Wanderer liegt ruhig ... Unter der Linde ist die Ruhe noch größer als sonst ... Spürst du die Ruhe auch in dir? ...

Die Beine des Wanderers unter der Linde sind schwer ... Weit ist er gelaufen ... Sein ganzer Körper ist schwer ... Spürst du die Schwere auch in dir? ...

Dem Wanderer ist warm, seine Hände sind warm, sein Leib ist warm, seine Beine sind warm, die Wärme strömt angenehm bis in seine Füße hinein ... Spürst du die Wärme auch in dir? ...

Von den Feldern her singt noch immer die Lerche ... Gerade beginnt sie eine neue Strophe ihres endlosen Lieds ... Der Wanderer spürt die Ruhe und die Kraft in sich noch tiefer werden ... Der Wanderer spürt, wie die Ruhe und die Kraft in ihm noch wachsen ...

Ringsum atmen die Felder ... Ringsum zirpen Grillen ihre Lieder ... Ringsum scheint die Sonne ruhig auf alles Land ...

Und nun kommt die Traumreise langsam zum Ende, und du kehrst zurück in den Raum ... Du spürst wieder den Raum um dich und hörst seine Geräusche ... Die Ruhe ist weiter in dir. Und die Kraft. Du spürst vielleicht, wie die Ruhe und die Kraft in dir stärker geworden sind ... Die Augen können sich wieder öffnen ... Atme tief durch! Reck dich und streck dich ...

## An den Gleisen

Mach es dir ganz bequem ... Während du dich noch räkelst, kannst du schon beginnen, angenehm ruhiger zu werden ... Deine Augen können noch offen bleiben und auch zu ruhen beginnen – oder sie können sich schließen und die angenehme Ruhe spüren ... Du hörst vielleicht noch Geräusche um dich, im Raum ... oder von draußen ... Und irgendwann können die Geräusche und jede Bewegung ganz gleichgültig werden ... Und du spürst vielleicht schon, wie gut es sich anfühlt, einfach so da zu sein und eine Traumreise zu erleben ...

Der Weinberg ist grün ... Seine Trauben sind noch klein, doch sie haben zu schwellen begonnen, sie nehmen das Licht der Sonne auf und wachsen ...

Am Weinberg vorbei führt eine Eisenbahnlinie ... Die rostbraunen Gleise liegen im Sonnenlicht ... Die hölzernen Schwellen liegen im Sonnenlicht ... Und das Licht liegt auf den vielen grauen Steinen dazwischen ...

Am Rand der Gleise wächst wildes Gras ... An einer Stelle aber wächst Klatschmohn ... Große rote Blüten stehen regungslos in der Luft ... Ab und zu summt eine Fliege vorbei ... oder eine Biene .. und verschwindet wieder ...

Ein Schmetterling flattert über die Gleise ... Wenn er genau hinhören könnte, dann hörte er vielleicht, wie die Gleise zu vibrieren beginnen ... wie ein ganz, ganz feiner Ton um die Schienen zu entstehen beginnt ... wie die Schienen zu singen beginnen, ganz hell ... wie sie lauter werden – und da rollt auch schon der Zug heran ... der Schmetterling verschwindet in der wirbelnden Luft, dem Weinberg zu ... der Zug aber braust blitzschnell an den Mohnblumen vorbei ... deren Stängel sich im

Luftzug biegen ... und verschwindet schon wieder ... ist nicht mehr zu sehen ... und auch die Schienen sind schon fast ganz verstummt ... vibrieren kaum mehr ... nun sind sie ganz still ...

Der Zug ist in der Ferne verschwunden, die Gleise liegen still ... Der rote Mohn steht still in der flirrenden Luft ... Die langen Gräser stehen ganz still ... Ab und zu ist ein Vogel zu hören, der immer die gleichen zwei, drei Töne singt ... Und dann ist da wieder die Stille ... Eine tiefe Ruhe liegt über dem Land ... Vielleicht spürst du die Ruhe auch in dir ...

In dieser Ruhe kann alles ganz in sich selbst sein ... Der rote Klatschmohn zeigt sich nun so wie er ist ... Seine roten Blütenblätter sind schwer ... Es ist dieselbe Schwere, die auch die Steine kennen, aber lebendiger ... Vielleicht spürst du die Schwere lebendig und angenehm auch in dir ...

Die Wärme der Sonne liegt auf dem Land ... Die Wärme der Sonne liegt auf dem roten Mohn .... Die Wärme der Sonne liegt auf den langen Gräsern ... Die Wärme der Sonne liegt auf den Schienen ... Die Wärme der Sonne liegt auf den hölzernen Schwellen und auf den Schottersteinen dazwischen ... Es ist angenehm warm ... Vielleicht spürst du die Wärme auch in dir ...

Eine Biene summt heran und landet in einer Mohnblume ... Erst krabbelt sie, dann sitzt sie still im roten Mohn ... Vielleicht kannst du sehen, wie ruhig sie dort sitzt ... Vielleicht kannst du sehen, wie sich nur ihr Leib bewegt, im Strom ihres Atems ... Es ist der Atem, den du auch in dir spüren kannst ... Er geht ein und aus, ein und aus, ganz ruhig und gleichmäßig, ganz von allein ...

Plötzlich sitzt ein Heupferd auf einer Schwelle zwischen den Schienen ... Es ist aus dem Gras in den Himmel gesprungen und gerade hier gelandet ... Fast regungslos sitzt es da, in der Ruhe ... in der Schwere ... in der Wärme ... Eine Fliege summt dicht über es weg, aber das Heupferd kümmert das nicht, es sitzt nur einfach auf der Bahnschwelle zwischen den Schienen ...

Vielleicht spürst du die Ruhe und Kraft in ihm ... Vielleicht spürst du die Ruhe und Kraft, die über dem ganzen Land liegt ... Vielleicht spürst du die Ruhe und Kraft, die auch in dir immer noch stärker wird ...

Und nun kommt die Traumreise langsam zum Ende, und du kehrst zurück in den Raum ... Du spürst wieder den Raum um dich und hörst seine Geräusche ... Die Ruhe ist weiter in dir. Und die Kraft. Du spürst vielleicht, wie die Ruhe und die Kraft in dir stärker geworden sind ... Die Augen können sich wieder öffnen ... Atme tief durch! Reck dich und streck dich ...

# Die Sonnenuhr

Mach es dir ganz bequem ... Während du dich noch räkelst, kannst du schon beginnen, angenehm ruhiger zu werden ... Deine Augen können noch offen bleiben und auch zu ruhen beginnen – oder sie können sich schließen und die angenehme Ruhe spüren ... Du hörst vielleicht noch Geräusche um dich, im Raum ... oder von draußen ... Und irgendwann können die Geräusche und jede Bewegung ganz gleichgültig werden ... Und du spürst vielleicht schon, wie gut es sich anfühlt, einfach so da zu sein und eine Traumreise zu erleben ...

Am Eingang des kleinen Schlosses ist eine Sonnenuhr aufgemalt. Ihr Zeiger steht starr von der Mauer ab. Der Schatten des Zeigers wandert mit der Sonne über das Ziffernblatt. Am Ziffernblatt sind die Stunden aufgetragen ...

Zwei Menschen gehen durch das Tor in den Schlosshof ... In der warmen Sonne bleiben sie stehen ... Auch sie werfen Schatten ... Der Schatten wandert mit ihnen, als sie weitergehen ...

Vor einer offenen Tür des Innenhofs liegt ein großer, müder Hund ... Er blinzelt in das helle Licht ... Dann schließt er seine Augen ... Seine Augenlider sind schwer ... Er spürt die Schwere in sich ... Sie ist angenehm ... Und es ist so schön in der Ruhe des Hofs ...

Schwalben flitzen durch den Himmel ... Sie sind so schnell und klein, ihre Schatten sieht niemand ... Nur wenn sie an ihrem Nest sitzen und ihre Jungen füttern, kann sein, dass dann auch ihre Schatten zu sehen sind ... Ihre Schatten, die sich in der Ruhe bewegen ...

Aus der Ferne ist ein Traktor zu hören ... Der arbeitet auf einem Feld ... Ganz klein sieht er aus der Ferne aus ... Ganz klein bewegt er sich in der Ruhe ...

Auch das Flugzeug am Himmel wirkt klein ... Ganz langsam scheint es sich über den Himmel zu bewegen ... Kein Laut ist von ihm zu hören ... Kein Laut ... Aber summt da nicht eine Fliege? ...

Und Spatzen tschilpen ... Ihre Stimmen klingen immer freundlich und hell, im größten Trubel – und in der Ruhe ...

Der Schatten der Sonnenuhr ist unvermerkt ein kleines Stück weitergerückt ...

Die beiden Menschen verlassen gerade das Schloss ... Unter der Sonnenuhr gehen sie durch, die Straße hinunter zur Wiese ... An der Gablung nehmen sie den unbefestigten Weg in den Wald ... Immer kleiner werden sie ... Nun verschwinden sie hinter den Bäumen ...

Ein Stück das Tal hinauf liegt ein See ... Manchmal sind dort Frösche zu sehen ... Wenn ein Mensch kommt, springen die Frösche vom Ufer ins Wasser und lassen sich treiben, sinken langsam bis auf den Grund ... und schauen hinauf in den Himmel ...

Ob die Menschen schon bis zum See gekommen sind? ... Ob sie vielleicht gerade jetzt am Ufer stehen und im Wasser die Frösche auf dem Grund erspähen wollen? ... Vielleicht hat sich auch ein Frosch zwischen Seegräsern verborgen und starrt sie an ... Während sie ihn noch nicht entdeckt haben ...

Libellen tanzen über das ruhige Wasser des Waldsees ... Sie stören sich nicht an den Menschen ... Sie tanzen einfach im Licht ... Sie tanzen in der Ruhe des Lichts ...

Im Schloss ist der Schatten des Zeigers unvermerkt ein weiteres Stück vorgerückt ... Die kleine Bewegung ist gar nicht zu sehen ... Aber irgendwann ist aus einer kleinen Bewegung eine große Veränderung geworden ... die jeder sieht, aber keiner sagen kann ...

Das Flugzeug am Himmel ist verschwunden ... Da ist nur die Ruhe des Himmels ... Vielleicht spürst du die Ruhe und Kraft in ihm ... Vielleicht spürst du die Ruhe und Kraft, die auch in dir immer noch stärker wird ...

Und nun kommt die Traumreise langsam zum Ende, und du kehrst zurück in den Raum ... Du spürst wieder den Raum um dich und hörst seine Geräusche ... Die Ruhe ist weiter in dir. Und die Kraft. Du spürst vielleicht, wie die Ruhe und die Kraft in dir stärker geworden sind ... Die Augen können sich wieder öffnen ... Atme tief durch! Reck dich und streck dich ...

## Am Waldsee

Mach es dir ganz bequem ... Während du dich noch räkelst, kannst du schon beginnen, angenehm ruhiger zu werden ... Deine Augen können noch offen bleiben und auch zu ruhen beginnen – oder sie können sich schließen und die angenehme Ruhe spüren ... Du hörst vielleicht noch Geräusche um dich, im Raum ... oder von draußen ... Und irgendwann können die Geräusche und jede Bewegung ganz gleichgültig werden ... Und du spürst vielleicht schon, wie gut es sich anfühlt, einfach so da zu sein und eine Traumreise zu erleben ...

Vom Ufer des Waldsees springt ein Frosch in das Wasser – ein Platschen, dann sinkt er mit ausgebreiteten Gliedmaßen langsam, ganz langsam hinab auf den Grund, regungslos ... Am Grund wirbelt Schmutz auf, nur ein wenig ... Schon senkt der Schmutz sich wieder und das Wasser wird klar ... Der Frosch schaut hinauf in das Licht ...

Ob er die Lieder der Vögel hört? ... Irgendwie schon, irgendwie anders im Wasser als in der Luft ... Ob er den Schatten der bunten Libelle über den Seegrund gleiten sieht? ... Irgendwie schon ...

Über dem Wasser ist die Ruhe unter dem Vogellied groß geworden ... Wie süß die Vögel singen ... Wie ruhig der Wald unter den Klängen atmet ... Vielleicht spürst du die Ruhe des Waldes in seinen Blättern ... Vielleicht spürst du seine Ruhe in der rauen Rinde der Bäume ... Vielleicht spürst du seine Ruhe auch in dir ...

Alle Bäume wachsen zum Himmel ... Auf dem Waldboden aber sammelt sich die Schwere des Waldes ... In diesem Baumstamm etwa, der in einem Sturm gefallen ist und nun am Boden liegt ... In der schweren Walderde etwa, die einfach nur da ist, auf der Käfer krabbeln und auf der das Moos jeden Tag ein wenig höher zur Sonne wächst ... Vielleicht spürst du die Schwere des Waldbodens ... Vielleicht spürst du die Schwere auch in dir ... Und eine Leichtigkeit ...

Auf der Oberseite der Blätter liegt Licht ... auf ihrer Unterseite ist Schatten ... Dort hat sich eine Raupe verpuppt, die wartet nun in der Zeit, sie will ein Schmetterling werden ...

Dunkel ist es im Innern der Puppe, in einem Raum der Stille ... Dort kann die Kraft groß werden ... Dort kann die Kraft der Stille zu einem Schmetterling werden ... Noch wächst sie ... Noch wächst sie immer ein wenig mehr ... Noch wird sie immer mehr in der Stille ...

Auf der Oberseite der Blätter ruht die Wärme der Sonne ... Die Strahlen kommen hier an und finden sich selbst in der Stille ... Als Kraft des Lebens ziehen sie in die Blätter ein ... Als Kraft des Lebens ziehen sie in den Baum ... Die Wärme der Sonne ist die Wärme in dir ... Vielleicht kannst du sie spüren ... Vielleicht kannst du spüren, wie die Wärme der Sonne auch in dir strömt ...

Die Stille des Sees ist lebendig ... Ob das von den Fliegen kommt, die überall schwärmen? ... Ob das von den bunten Farben der Libellen kommt, die lautlos über dem Wasser stehen? ... Vielleicht kommt die Lebendigkeit der Stille auch vom Licht ... Vielleicht spürst du die Lebendigkeit der Stille auch in dir ...

Schilfrohre schlagen aneinander ... Ein feines Klacken ... Und da, ist das eine Wasserschlange, die sich freundlich über das Wasser schlängelt? ... Eine Wildente quakt ... Die Ruhe lässt ihre Laute zu, aber sie antwortet nicht ... Sie antwortet nicht so, wie du es kennst ...

Überall auf dem See lastet die Ruhe des Himmels ... Vielleicht spürst du die Ruhe und die Kraft im Wald, auf dem Wasser ... Vielleicht spürst du die Ruhe und die Kraft überall ... Vielleicht spürst du sie auch in dir immer stärker werden ... Dein Atem geht ein und aus, ein und aus, ganz ruhig und gleichmäßig, ganz von allein ...

Und nun kommt die Traumreise langsam zum Ende, und du kehrst zurück in den Raum ... Du spürst wieder den Raum um dich und hörst seine Geräusche ... Die Ruhe ist weiter in dir. Und die Kraft. Du spürst vielleicht, wie die Ruhe und die Kraft in dir stärker geworden sind ... Die Augen können sich wieder öffnen ... Atme tief durch! Reck dich und streck dich ...

## Auf dem Bauernhof

Mach es dir ganz bequem ... Während du dich noch räkelst, kannst du schon beginnen, angenehm ruhiger zu werden ... Deine Augen können noch offen bleiben und auch zu ruhen beginnen – oder sie können sich schließen und die angenehme Ruhe spüren ... Du hörst vielleicht noch Geräusche um dich, im Raum ... oder von draußen ... Und irgendwann können die Geräusche und jede Bewegung ganz gleichgültig werden ... Und du spürst vielleicht schon, wie gut es sich anfühlt, einfach so da zu sein und eine Traumreise zu erleben ...

Der Bauernhof liegt unter dem blauen Himmel ... Auf den ersten Blick scheint sich wenig zu bewegen ... Nur eine Katze schleicht am Kuhstall ... Die langsamen, vorsichtigen Bewegungen der Katze ... Ob sie wohl auf Mäusejagd ist? ... Oder bewegt sie sich so langsam, weil es warm ist? ...

Kein Laut ist von den Schritten der Katze zu hören ... Die Ruhe scheint sich von den Schritten der Katze auszubreiten ... von den langsamen Schritten ... die immer genau ihren Tritt finden, im Staub ...

Die Katze ist um die Ecke des Kuhstalls verschwunden ... Um die Ecke flitzt auch eine Schwalbe heran – und verschwindet durch das gekippte Fenster des Stalls ... Ob sie ein Nest drinnen hat? ... Oder ob sie dort nach Fliegen jagt? ...

Vom Hühnerhaus ist Gackern zu hören. Die Hühner sind alle in ihrem Haus, in der Kühle ... Auf der bloßen Erde des Hühnerstalls liegen nur ein paar Federn ... Auch die Federn scheinen eine Ruhe zu verströmen, eine Ruhe um sich herum …

Wind kommt auf und nimmt eine Flaumfeder ein paar Schritte mit – dann bleibt sie an einem Stein hängen, zittert noch ein wenig – und liegt wieder ganz ruhig …

In der offenen Scheune steht ein Anhänger … Ein paar Grashalme liegen in ihm, sonst ist er leer … Mit dem Traktor ist der Bauer auf dem Feld … Wenn man ganz genau hinhört, ist dann der Traktor irgendwo in der Ferne zu hören? …

An der Scheunenwand hängt eine Sense. Mit der hat der Vater des Bauern früher das Gras und das Korn geschnitten … Jetzt hängt sie da nur noch zur Erinnerung … Der Mähdrescher hat sie ersetzt … Nur noch ab und zu wird sie verwendet, für den Garten …

Im Garten hängt eine Schaukel im Apfelbaum … Der Wind bewegt sie leicht hin und her … Ein paar Äpfel liegen ringsum im Gras … Auf einen hat sich gerade eine Fliege gesetzt … Ein anderer Apfel fault schon – eine Wespe summt ihn ab … Die Flügel der Wespe schlagen so schnell, dass sie kaum zu sehen sind … Die Wespe aber fliegt ganz ruhig … Über das Gras der Wiese taumelt ein Schmetterling …

In den Hecken glänzt es rot – die Beeren sind schon reif, bald wird die Ernte sein … Noch aber nehmen die Beeren das Licht der Sonne auf und verwandeln es in Süße …

Um einen Holzblock liegen Scheite … Jemand hat Holz gehackt, das Beil steckt im Block … Wie die Scheite gefallen sind, liegen sie nun da … Jemand wird kommen und sie an der Scheune aufschichten … Bis dahin liegen sie einfach nur da in der Sonne …

Im Stall muht eine Kuh … Eine einzige nur, die anderen sind auf der Weide … Noch einmal muht sie … Und da ist auch von ganz fern der Traktor zu hören, wie er näherkommt … Vielleicht hat die Kuh ihn schon gehört … Vielleicht weiß sie, dass bald jemand kommen wird, dass sie bald frisches Wasser und Futter bekommt …

Die Katze ist hinter dem Haus auf die Wiese geschlichen, vorbei am Löwenzahn, vorbei an den bunten Blumen … Da liegt sie nun im Schatten eines Baums … Sie liegt ganz ruhig und schließt ihre Augen … Sie spürt, wie die Ruhe und die Kraft in ihr tiefer werden …

Und nun kommt die Traumreise langsam zum Ende, und du kehrst zurück in den Raum … Du spürst wieder den Raum um dich und hörst seine Geräusche … Die Ruhe ist weiter in dir. Und die Kraft. Du spürst vielleicht, wie die Ruhe und die Kraft in dir stärker geworden sind … Die Augen können sich wieder öffnen … Atme tief durch! Reck dich und streck dich …

# Die Pfütze

Mach es dir ganz bequem ... Während du dich noch räkelst, kannst du schon beginnen, angenehm ruhiger zu werden ... Deine Augen können noch offen bleiben und auch zu ruhen beginnen – oder sie können sich schließen und die angenehme Ruhe spüren ... Du hörst vielleicht noch Geräusche um dich, im Raum ... oder von draußen ... Und irgendwann können die Geräusche und jede Bewegung ganz gleichgültig werden ... Und du spürst vielleicht schon, wie gut es sich anfühlt, einfach so da zu sein und eine Traumreise zu erleben ...

Am Morgen nach dem Regen glänzt alles Gras wieder frisch. In der großen Pfütze auf dem Weg spiegelt sich der Himmel ... Vorhin sind Schulkinder vorbeigekommen. Eines ist in die Pfütze getreten und alle Spiegelbilder haben zu schwanken begonnen ... Der Himmel in der Pfütze hat geschwankt ... Der Birnbaum in der Pfütze hat geschwankt ... Sogar das Haus in der Pfütze hat geschwankt, obwohl das wirkliche Haus neben der Pfütze immer noch ganz fest stand ... Aber nun liegt die Pfütze wieder ganz glatt, und die Spiegelbilder sind ruhig, fast so ruhig, wie die wirklichen Dinge über der Pfütze ...

Eine Hummel brummt über die Pfütze schnurgerade hinein in die Welt, als wüsste sie ganz genau, wohin ... Ihre Flügel schlagen so schnell, dass sie gar nicht richtig zu sehen sind ... Ob die Hummel wirklich weiß, wohin sie fliegen möchte? ... Vielleicht zurück in ihr Nest, in der Fuge einer Mauer vielleicht? ... Oder fliegt die Hummel einfach der Nase nach? ...

Aus einem der Häuser am Wegrand tönt ein langes, hohes Geräusch, ein Staubsauger vielleicht ... Die Vögel singen darüber weg ... Eine Tür schlägt zu und eine Frau tritt heraus in den Morgen, mitten hinein in den Vogelgesang, als gehörte sie ganz selbstverständlich dazu ... Oder als wäre in der Welt ganz viel Platz für alle möglichen Dinge ... wie eben den Vogelgesang ... wie diese Frau, die nun den Weg bis zum Gartenzaun geht ... wie das vorbeifahrende Auto ... wie das Wasser, das unter seinen Reifen spritzt ...

Auch der Himmel gehört dazu, der über dem ganzen Land liegt ... in dem die Wolken strömen ... der aber auch durch jeden Vogel strömt, mit dem Atem des Vogels ...

Der Himmel strömt so auch durch jeden Menschen, der atmet ... und auch durch die Katze, die mit erhobenem Kopf über den feuchten Rasen läuft ...

Über den Atem und den Himmel sind alle miteinander verbunden ... auch zwei Menschen, die sich gern haben ... auch zwei Menschen, die sich streiten ... auch zwei Menschen, die sich wieder versöhnen ...

Die Sonne ist aufgetaucht, sie hat sich gegen die Wolken durchgesetzt ... Wenn jemand ganz genau hinschauen könnte, dann sähe er vielleicht, wie der Regen von der Sonne langsam verwandelt wird ... wie er zu Dunst wird und in den Himmel zurückströmt ...

Dieser Regentropfen auf diesem Grashalm hier, in dem sich die Welt spiegelt, ist er nicht schon ein bisschen kleiner geworden? ... Schrumpft er nicht mit jeder Strophe der Vögel ein bisschen mehr ... und wird zu Dunst ... und strömt hinauf, schließt sich den Wolken an? ...

Bald ist der Asphalt getrocknet ... Nur noch die Pfütze hält Wasser zurück ... Aber auch sie schrumpft ... Die Sonne steigt höher, wird heller und heißer ... Die Vogellieder sind weniger geworden ... Vielleicht sind die Vögel in den Schatten geflogen ... Vielleicht ruhen sie sich aus ...

Als die Kinder zurück von der Schule kommen, ist die Pfütze ausgetrocknet ... Morgens spritzten sie sich noch mit ihrem Wasser nass, jetzt ist es verschwunden ... Das Wasser ist als Dunst in den Himmel gestiegen, es strömt nun mit den Wolken ...

Und nun kommt die Traumreise langsam zum Ende, und du kehrst zurück in den Raum ... Du spürst wieder den Raum um dich und hörst seine Geräusche ... Die Ruhe ist weiter in dir. Und die Kraft. Du spürst vielleicht, wie die Ruhe und die Kraft in dir stärker geworden sind ... Die Augen können sich wieder öffnen ... Atme tief durch! Reck dich und streck dich ...

## Gänseblümchen im Freibad

Mach es dir ganz bequem ... Während du dich noch räkelst, kannst du schon beginnen, angenehm ruhiger zu werden ... Deine Augen können noch offen bleiben und auch zu ruhen beginnen – oder sie können sich schließen und die angenehme Ruhe spüren ... Du hörst vielleicht noch Geräusche um dich, im Raum ... oder von draußen ... Und irgendwann können die Geräusche und jede Bewegung ganz gleichgültig werden ... Und du spürst vielleicht schon, wie gut es sich anfühlt, einfach so da zu sein und eine Traumreise zu erleben ...

Manche Blumen lassen ihre Blüten Tag und Nacht offen. Andere nicht. Das Gänseblümchen etwa hat sein Köpfchen in der Nacht geschlossen. Am Morgen, wenn das Licht die Welt wieder wärmer werden lässt, öffnen sich seine weißen Blumenblätter. Jetzt ist es wieder offen für die Welt ...

Der Himmel ist strahlend blau ... Es wird ein schöner Sommertag ... Die Sonne schwebt noch hinter den Bäumen eines Hügels verborgen ... Das Pfeifen der Vögel ist so hell wie die Sonne ...

Das Gänseblümchen steht mitten unter den Gräsern am leichten Hang, mit einer guten Sicht über das ganze Freibad ...

An der Kasse hat Frau Meyer gerade geöffnet, als schon die ersten Gäste kommen. Sie reden nicht viel ... Sie verschwinden gleich in den Umkleidekabinen ... Schon wenig später ziehen sie jeder für sich ihre Bahnen im großen Becken ...

Der Duft des Wassers ... Der Duft des Grases ...

Diese ersten Gäste verschwinden bald wieder. Frau Meyer hat sich einen Kaffee gemacht und plaudert nun mit der Frau vom Kiosk ...

Neue Gäste kommen. Frau Meyer nimmt ihren Platz an der Kasse ein. Nun hat sie gut zu tun, es ist ein schöner Ferientag ... Immer mehr Kinder und Erwachsene strömen in das Freibad ... Sie kleiden sich um ... Sie suchen sich einen Platz auf der Liegewiese ... Die bunten Flecken der Handtücher bedecken immer mehr von der Wiese ...

Das Gänseblümchen wächst am Rand einer Hecke. Nur einmal, als das Freibad ganz voll war, hat jemand ein Handtuch auf es gelegt. Heute bleibt es frei davon und freut sich über das Leben im Freibad ...

Bald sind die Menschen überall. Die Kleinsten besetzen das Planschbecken. Das Gänseblümchen überlegt, weshalb die kleinsten Menschen oft die lautesten sind ... Bei den Blumen ist es anders ... Sie sind alle gleich still ... Nur wenn einmal der Wind besonders stark weht, dann reden sie ... Aber auch dann sind die kleinen Blumen die leisesten ... Die Menschen sind eben besonders, denkt das Gänseblümchen. Sie werden ruhiger, je größer sie sind ...

Ein Eichhörnchen schaut aus dem Schatten vor ... Das Gänseblümchen kennt es gut ... Eigentlich stammt es aus dem Wald jenseits des großen Zauns, der das Freibad umgibt. Aber ab und zu schaut es herein, ob es etwas Naschbares von einem verlassenen Badetuch erwischen kann ...

Gerade verlassen zwei Mädchen ihr Tuch und rennen zum Wasser ... Das Eichhörnchen flitzt aus seiner Deckung und springt auf das Tuch ... Aber nichts Essbares hier ... Nur ein großer blauer Ball ... Das Eichhörnchen berührt ihn vorsichtig mit einer Pfote ... Mutig geworden, schlägt es nach ihm, und er rollt ein Stück in das grüne Gras. Das Eichhörnchen springt erschrocken davon ...

Bienen summen über den Klee ... Hier hinten liegt noch niemand ... Der Duft von Wasser und Sonnencreme schwebt überalll ...

Das Gänseblümchen hört den Lärm – aber in sich spürt es die Ruhe ... Die Ruhe in ihm kann sogar noch stärker werden, auch im Lärm, wenn es auf sie lauscht ... wenn es ganz auf die Ruhe achtet und sie groß werden lässt ... groß werden in sich selbst, ganz gleich, was um es herum passiert ... So wachsen auch im Lärm die Ruhe und die Kraft ...

Und nun kommt die Traumreise langsam zum Ende, und du kehrst zurück in den Raum ... Du spürst wieder den Raum um dich und hörst seine Geräusche ... Die Ruhe ist weiter in dir. Und die Kraft. Du spürst vielleicht, wie die Ruhe und die Kraft in dir stärker geworden sind ... Die Augen können sich wieder öffnen ... Atme tief durch! Reck dich und streck dich ...

## Am Schafstall

Mach es dir ganz bequem ... Während du dich noch ganz bequem räkelst, kannst du schon beginnen, angenehm ruhiger zu werden ... Deine Augen können noch offen bleiben und auch zu ruhen beginnen – oder sie können sich schließen und die angenehme Ruhe spüren ... Du hörst vielleicht noch Geräusche um dich, im Raum ... oder von draußen ... Und irgendwann können die Geräusche und jede Bewegung ganz gleichgültig werden ... Und du spürst vielleicht schon, wie gut es sich anfühlt, einfach so da zu sein und eine Traumreise zu erleben ...

Am Hügel vorbei läuft ein Bach ... Am Bach entlang führt ein Fahrradweg ... Gerade dort, wo der Weg sich teilt und eine Brücke über den Bach schwingt, steht ein großer Schafstall ... Der Stall ist ganz aus Holz, nur das Dach ist aus Ziegelstein, und die Fenster sind aus Glas ...

Unter eines der Fenster ist eine Kiste gestellt. Auf die kann auch ein Kind steigen und in den Stall hineinschauen ... Der Stall ist mit Stroh ausgelegt ... Aber Schafe sind gerade keine drinnen ... Vielleicht bewegen sich ein paar Schatten, ganz schnell ... Aber das sind Vögel, Schwalben sind es, gerade flitzt eine durch ein gekipptes Fenster hinaus und verschwindet im Himmel ...

Was die Schwalben im Schafstall machen? ... Vielleicht haben sie dort ihre Nester ... Ob es im Stall auch Fliegen gibt? ... Wenn du genau hinhörst, kannst du vielleicht ein Summen hören ...

Am Himmel ziehen weiße Wolken, ganz langsam ... Vielleicht kannst du die Ruhe der Wolken spüren, in ihrer ruhigen Bewegung über der Welt ...

Die bauchigen Wolken sehen schwer aus – und sind doch leicht, ganz leicht ... Doch wenn sie ihr Wasser abregnen, dann hat das ein Gewicht ... Also müssen die Wolken schwer sein – und schweben doch! ... Vielleicht ist vieles Schwere ganz leicht ... Vielleicht kann vieles Schwere abregnen zur Erde – und leicht werden, ganz leicht ...

Auch ein paar Schwalben fliegen im Himmel, ziemlich schnell ... Sie schlagen Kurven und Haken auf ihrer Jagd nach Insekten ... Ob sie die Schwere spüren, auf ihrer Jagd? ... Ob sie auf ihrer Jagd die Leichtigkeit spüren? ...

Die Sonne ist gerade hinter einer Wolke versteckt ... Und scheint doch hindurch ... Die Wärme der Sonne liegt auf dem ganzen Land ... Ihre Wärme hat die Luft warmgemacht und die Mauern ... Sie hat alle Erde erwärmt ... Und die Wärme strömt auch in dir ... Vielleicht spürst du die Wärme in dir ...

Am Bach beim Schafstall ist das Gras fast verschwunden ... Unzählige Trittspuren gehen bis an das Wasser ... Die Schafe trinken hier manchmal ...

In der Mitte der Strömung fächeln die Flossen einer Forelle ... Die Forelle scheint ganz ruhig im Wasser zu stehen – aber plötzlich schlägt sie heftig mit ihrer Schwanzflosse – und ist verschwunden ...

Auf eine blaue Blume am anderen Ufer hat sich ein Schmetterling gesetzt ... Seine Flügel scheinen zu leuchten, in der Sonne, die gerade hinter einer Wolke vorkommt ... Eine ganze Weile sitzt der Schmetterling einfach nur da ... Seine Flügel sind aufgeklappt ...

Vom Hügel her sind Stimmen zu hören, weit entfernt – doch sie kommen näher ... Es sind die Stimmen der Schafe ... Dort oben im saftigen Gras sind sie den Tag über gewesen ... Ist der schwarze Schatten, der um die Herde springt, wohl ein Schäferhund? ... Der Schäfer ist nirgends zu sehen, obwohl die Herde näherkommt ... Vielleicht geht der Schäfer hinter der Herde und achtet darauf, dass kein Schaf zurückbleibt ... Vielleicht achtet der Schäfer auf die Stille hinter der Herde ...

Obwohl das Blöken der Schafe näherkommt, liegt doch eine große Ruhe über der Herde ... Die Schafe kennen keine Eile ... Sie gehen langsam vorwärts und grasen dabei den Hügel ab ... Vielleicht hörst du das Geräusch, wenn sie das Gras abrupfen ... Vielleicht hörst du hinter diesem Geräusch die Stille ...

Über dem Hügel ist die Ruhe des Himmels ... Vielleicht spürst du seine Ruhe und Kraft ... Vielleicht spürst du die Ruhe und die Kraft überall, die auch in dir immer stärker wird ... Dein Atem geht ein und aus, ein und aus, ganz ruhig und gleichmäßig, ganz von allein ...

Und nun kommt die Traumreise langsam zum Ende, und du kehrst zurück in den Raum ... Du spürst wieder den Raum um dich und hörst seine Geräusche ... Die Ruhe ist weiter in dir. Und die Kraft. Du spürst vielleicht, wie die Ruhe und die Kraft in dir stärker geworden sind ... Die Augen können sich wieder öffnen ... Atme tief durch! Reck dich und streck dich ...

## Das kleine Nilpferd

Mach es dir ganz bequem ... Während du dich noch räkelst, kannst du schon beginnen, angenehm ruhiger zu werden ... Deine Augen können noch offen bleiben und auch zu ruhen beginnen – oder sie können sich schließen und die angenehme Ruhe spüren ... Du hörst vielleicht noch Geräusche um dich, im Raum ... oder von draußen ... Und irgendwann können die Geräusche und jede Bewegung ganz gleichgültig werden ... Und du spürst vielleicht schon, wie gut es sich anfühlt, einfach so da zu sein und eine Traumreise zu erleben ...

Im großen Garten hinter einem Haus am Rande der Siedlung steht ein kleines Nilpferd – aus Stein. Genau vor einem Jahr hat es der Besitzer des Hauses in einem Geschäft gekauft und hier aufgestellt. Jetzt hat es jeden Monat und jede Woche eines Jahres erlebt ...

Das kleine Nilpferd hat den Sommer erlebt, mit langen Tagen und Hitze ... schnell wuchs da im Licht das Gras ... häufig fuhr der Rasenmäher um das kleine Nilpferd herum und schnitt das Gras ...

Das kleine Nilpferd hat Gewitter erlebt, mit heftigem Regen, mit Donner – einmal schlug ein Blitz in den Blitzableiter eines Hauses in der Nachbarschaft ein ...

Das kleine Nilpferd hat erlebt, wie die Blätter der Bäume und Sträucher sich färbten, wie sie starr wurden und in jedem Windstoß rauschten ... Das kleine Nilpferd hat erlebt, wie die Blätter zu Boden fielen ... Die Menschen rechten sie zusammen und warfen sie auf den Kompost ...

Das kleine Nilpferd hat erlebt, wie das Gras seine frische Farbe verlor und zu wachsen aufhörte ... und wie die ersten Schneeflocken tanzten ... Ein paarmal war sein Rücken mit Schnee bedeckt ...

Das kleine Nilpferd hat erlebt, wie der Schnee schmolz und die ersten Blumen zu sprießen begannen ... wie das Gras wieder zu wachsen begann und seine Farbe kräftiger wurde ...

Die Rückkehr der fortgeflogenen Vögel hat das kleine Nilpferd erlebt ... einmal zogen Störche hoch über das Haus, weiter nach Norden ...

Besonders gern erinnert sich das kleine Nilpferd an Ostern ... Da haben die Eltern bunte Eier und Nester im Garten versteckt und die Kinder suchten danach ... Neben dem kleinen Nilpferd versteckt lag ein blaues Ei ...

Und nun ist wieder der Sommer da ... Das Gras ist fahl geworden, es hat schon seit vielen Tagen nicht mehr geregnet ... Aber gestern hat ein Mensch den Garten mit einem Schlauch gewässert ...

Wieder einmal schlüpft Nachbars Katze unter dem Zaun durch in den Garten ... Ganz langsam, als ob ihr der ganze Garten gehören würde, schreitet sie durch das Gras ... Am kleinen Nilpferd schreitet sie vorbei, als sei es gar nicht vorhanden ... Nun streicht die Katze um die Ecke des Hauses ...

Eine Fliege setzt sich auf den Kopf des kleinen Nilpferds ... Erst ist sie ganz still, so still wie das kleine Nilpferd, dann beginnt sie sich mit den Füßen am Kopf zu putzen ... Und plötzlich ist sie weg, wieder im Himmel verschwunden ...

Im Baum singt ein Vogel ... Er singt nicht so lang und so schön wie noch im Frühling ... Vielleicht strengt ihn im Sommer das Singen mehr an ... Vielleicht mag er den Frühling lieber ... Vielleicht meint er auch, dass er jetzt gar nicht mehr singen muss, weil der Sommer sowieso schön ist ...

Über dem Garten ziehen Wolken ... Ihre weißen Bäuche scheinen sich ganz langsam zu bewegen, in ihrem Flug ... Eine Ruhe und Kraft ist in ihnen, die auch das kleine Nilpferd gut kennt ... Die Wolken ziehen immer fort – und immer kommen neue heran, mit derselben Ruhe, derselben Kraft ...

Vielleicht spürst du die Ruhe und Kraft dieser Wolken ... Vielleicht spürst du die Ruhe und Kraft im ganzen Garten ... Vielleicht spürst du, wie die Ruhe und die Kraft auch in dir immer stärker werden ...

Und nun kommt die Traumreise langsam zum Ende, und du kehrst zurück in den Raum ... Du spürst wieder den Raum um dich und hörst seine Geräusche ... Die Ruhe ist weiter in dir. Und die Kraft. Du spürst vielleicht, wie die Ruhe und die Kraft in dir stärker geworden sind ... Die Augen können sich wieder öffnen ... Atme tief durch! Reck dich und streck dich ...

## Der Springbrunnen

Mach es dir ganz bequem ... Während du dich noch räkelst, kannst du schon beginnen, angenehm ruhiger zu werden ... Deine Augen können noch offen bleiben und auch zu ruhen beginnen – oder sie können sich schließen und die angenehme Ruhe spüren ... Du hörst vielleicht noch Geräusche um dich, im Raum ... oder von draußen ... Und irgendwann können die Geräusche und jede Bewegung ganz gleichgültig werden ... Und du spürst vielleicht schon, wie gut es sich anfühlt, einfach so da zu sein und eine Traumreise zu erleben ...

Mitten auf dem großen Platz einer Stadt liegt ein Springbrunnen. Aus dem weiten Wasserbecken schießen Fontänen in den Himmel ...

Es ist heiß auf dem Platz ... die Sommersonne hat die Steine des Pflasters erhitzt ... Um den Springbrunnen aber liegt ein Duft von Kühle und Klarheit ...

Am Rande des Beckens sitzen Menschen ... Sie schauen auf die Kaffeehäuser und Eisdielen, die den Platz säumen ... Ein Mädchen hat ein Eis in der Hand ... Ein Junge leckt gerade an seinem eigenen, das zu tropfen begonnen hat ...

Am Eisverkauf stehen viele Menschen an ... Noch mehr sitzen unter den großen Sonnenschirmen an Tischen ... Zu essen hat an diesem Sommertag kaum jemand etwas vor sich, die meisten haben Getränke und Kuchen oder Eis in Schalen bestellt ...

Hoch über dem Platz fliegen Schwalben ... Sie jagen hin und her, manchmal kann man ihre langgezogenen Schreie hören ...

Zwischen den Tischen spazieren Tauben und suchen nach Krümeln ... Dort liegt eine Taubenfeder auf dem Pflaster ... Wie schön sie aussieht – und da liegt sie einfach im Staub ...

Ein Kind kommt und hebt die Feder auf ... Das Kind streicht über die Feder ... Es spürt genau hin, wie sich die Feder anfühlt ... Dann bläst es sie mit seinem Atem in die Luft ... Die Feder schwebt auf das Pflaster hinab ... Wieder hebt das Kind sie auf ... lässt sie noch einmal fliegen –

und springt dann davon, zum Springbrunnen ...

Das fallende Wasser des Springbrunnens macht ein helles Geräusch ... Das Geräusch verändert sich, wenn die Fontänen sich ändern ... Nahe am Springbrunnen hört man die Gespräche der Menschen kaum mehr – und gar nicht hört man die Schreie der Schwalben ...

Aber das Lachen von Kindern hört man ... Da sind zwei in das Wasserbecken gestiegen und spritzen sich nass ...

Der Himmel über dem Springbrunnen ist blau ... nur ein paar Flugzeugstreifen breiten sich aus ... Die Flugzeuge sind schon über den Häusern verschwunden ...

Vom Turm einer Kirche beginnen Glocken zu läuten ... Der schöne Klang schwingt durch das Rauschen des Springbrunnens ... Es klingt ganz verschieden, das Glockentönen und das Rauschen des Springbrunnens – aber irgendetwas ist ähnlich daran ... Ob es das An- und Abschwellen der Töne ist? ...

Im Wasser schwimmt eine Blume ... Sie schaukelt auf und ab ... Vielleicht hat sie jemand verloren, der mit einem Blumenstrauß hier saß ... Vielleicht hat sie jemand weggeworfen ... Vielleicht hat sie jemand in das Wasser gelegt, um sich an ihrem Schaukeln zu freuen ...

Im Schaukeln der Blume liegt eine Ruhe, die auch im Schaukeln des Wassers liegt ... Oder im Strom des Atems, der sich auch langsam bewegt, der ein- und ausströmt, ein und aus, ganz ruhig und gleichmäßig, ganz von allein ... Vielleicht spürst du seine Ruhe und Kraft ... Vielleicht spürst du, wie die Ruhe und die Kraft in dir immer noch stärker werden ...

Und nun kommt die Traumreise langsam zum Ende, und du kehrst zurück in den Raum ... Du spürst wieder den Raum um dich und hörst seine Geräusche ... Die Ruhe ist weiter in dir. Und die Kraft. Du spürst vielleicht, wie die Ruhe und die Kraft in dir stärker geworden sind ... Die Augen können sich wieder öffnen ... Atme tief durch! Reck dich und streck dich ...

# Herbst

## Herbstblätter tanzen

Mach es dir ganz bequem ... Während du dich noch räkelst, kannst du schon beginnen, angenehm ruhiger zu werden ... Deine Augen können noch offen bleiben und auch zu ruhen beginnen – oder sie können sich schließen und die angenehme Ruhe spüren ... Du hörst vielleicht noch Geräusche um dich, im Raum ... oder von draußen ... Und irgendwann können die Geräusche und jede Bewegung ganz gleichgültig werden ... Und du spürst vielleicht schon, wie gut es sich anfühlt, einfach so da zu sein und eine Traumreise zu erleben ...

Im Garten steht ein Apfelbaum. Seine Äpfel sind schon geerntet worden. Woher kommt nun wieder das Rot, wenn nicht von den Äpfeln? ... Es sind die Blätter des Baums. Die ersten Blätter färben sich ...

Die Amsel im Nachbarbaum schaut auf die roten Blätter und weiß: Es wird Herbst ...

Ein Igel hält auf seinem Spaziergang durch den Garten inne, schaut auf die roten Blätter und weiß: Es wird Herbst ...

Die alte Frau hält beim Blumengießen inne, schaut auf die roten Blätter und weiß: Es wird Herbst ...

Die Sonne zieht ihren Bogen schon lange nicht mehr so hoch über den Himmel wie noch im Sommer. Sie ist müde geworden ... Dabei werden die Farben überall kräftiger, nachdem sie der heiße Sommer gebleicht hat ...

Alle Pflanzen und Tiere scheinen noch einmal besonders tief Atem zu holen, in der neuen Kühle und Klarheit ... in den dunkleren, kräftigeren Farben ... In ihrem Atem ist eine neue Kraft ... Vielleicht spürst auch du deinen Atem gehen ... Er strömt ein und aus, ein und aus, ganz ruhig und gleichmäßig, ganz von allein ... Vielleicht spürst du die Ruhe und Kraft in ihm ...

In der Wiese steht ein kleines Nilpferd aus Stein ... Es atmet gar nicht, weil es nicht lebt ... Aber etwas an diesem Nilpferd aus Stein hat auch diese Ruhe, die der Atem hat ... Vielleicht ist es, weil es sich niemals bewegt ... Vielleicht ist es seine Schwere, die mit dieser Ruhe befreundet ist ... Vielleicht spürst du die Schwere auch in dir ... und die

Ruhe – und noch eine Lebendigkeit, die durch dich strömt ...

Auch der Schmetterling lebt, der sich auf den warmen Rücken des Nilpferds gesetzt hat. Er ist warm geworden von den milden Strahlen der Sonne ... Der Schmetterling öffnet seine Flügel und lässt sie vom Licht bescheinen ... Was für eine Farbe der Schmetterling hat, das weißt nur du ...

Ob er die Wärme des Lichts spürt? ... Es ist eine Wärme, die auch durch den Schmetterling strömt ... Und wenn du genau in dich hineinspürst, dann spürst du die Wärme vielleicht auch dort ... wie sie strömt ... angenehm strömt und überall um sich herum lebendige Ruhe verbreitet ...

Eine tiefe Ruhe liegt über dem Garten ... Und in dieser Ruhe tanzen die ersten Blätter ihren Herbsttanz ... Wie in der Bewegung immer auch die Ruhe ist, wenn die Bewegung gut ist ... und die Kraft! ... Wie in der Bewegung auch immer eine Lebendigkeit ist! ... Die Herbstblätter tanzen ...

Ein Traktor hat vor ein paar Tagen Holz gebracht, zersägte Stämme, die liegen nun auf dem Abstellplatz ... Ein ganzer Anhänger voll Holz ... In einem Hackklotz steckt ein Beil ... Jemand hat angefangen, Brennholz zu hacken ... Ein paar Scheite liegen um den Klotz verstreut ... Viel ist noch zu hacken – und aufzuschichten. An der Hauswand, unter dem Dach, hat jemand begonnen, Holz aufzustapeln ... Doch gerade ist niemand da ...

Auf den Hackklotz setzt sich ein Schmetterling ... Ob es derselbe wie vorhin ist? ... Die Wärme der Sonne ist auch hier ... Und die Ruhe ...

Ein rotes Blatt tanzt durch den Himmel und landet im Gras, gerade neben dem Klotz ... Das zarte Blatt ... der grobe Klotz ... Ein Schmetterling erhebt sich und flattert hinein in den Himmel ...

Im ganzen Garten sind Ruhe und Kraft ... Im ganzen Garten können die Ruhe und die Kraft immer noch größer werden ...

Und nun kommt die Traumreise langsam zum Ende, und du kehrst zurück in den Raum ... Du spürst wieder den Raum um dich und hörst seine Geräusche ... Die Ruhe ist weiter in dir. Und die Kraft. Du spürst vielleicht, wie die Ruhe und die Kraft in dir stärker geworden sind ... Die Augen können sich wieder öffnen ... Atme tief durch! Reck dich und streck dich ...

# Im Wald

Mach es dir ganz bequem ... Während du dich noch räkelst, kannst du schon beginnen, angenehm ruhiger zu werden ... Deine Augen können noch offen bleiben und auch zu ruhen beginnen – oder sie können sich schließen und die angenehme Ruhe spüren ... Du hörst vielleicht noch Geräusche um dich, im Raum ... oder von draußen ... Und irgendwann können die Geräusche und jede Bewegung ganz gleichgültig werden ... Und du spürst vielleicht schon, wie gut es sich anfühlt, einfach so da zu sein und eine Traumreise zu erleben ...

Nach dem Regen sind die Bäche des Waldes angeschwollen, das Wasser gurgelt über die Steine, führt Blätter mit sich ...

Im Sommer stand das Wasser viel niedriger, auch nach einem Regen – da tranken die Gräser und Bäume viel ... Nun, im Herbst, wird das Wasser kaum mehr getrunken und fließt nun mit den Bächen dahin ...

Ein Blatt ist vom Baum in den Waldbach gefallen, der schwemmt es nun fort ... Um eine Biegung geht es, und da kommt noch eine Biegung, Wellen tanzen ... Da schwemmt das Blatt auf einer Sandbank an, bleibt liegen ... Der Waldbach strömt an ihm vorbei ...

Sandkorn an Sandkorn, alle sind nass, jedes Korn ist verschieden, wenn man genau hinschaut ... Und alle sind gleich, wenn man die Sandbank aus einer Entfernung betrachtet ...

Das angeschwemmte Blatt ist nass ... Über ihm wiegen sich andere Blätter, in den Wipfeln der Bäume ...

Ein Wind kommt auf und lässt die Blätter rauschen, rauschen zum Rauschen des Waldbachs ... Hier und da klackt es, wenn zwei Äste im Wipfel zusammenschlagen ... Hier und da pfeift im Rauschen ein Vogel ... verstummt schnell wieder ...

Der Duft des Wassers ... der Duft des Herbstlaubs ... der Duft feuchter Walderde ... Alles zusammen ist das der Duft des herbstlichen Waldes ...

Ein Schmetterling flattert über das Wasser, verschwindet zwischen den Stämmen ... Wohin er flattert, weiß keiner, vielleicht nicht einmal er selbst ... Und trotzdem wird er am Ende des Tages irgendwo sein ... Wie jeder andere auch ...

Am Waldhang wittert ein Fuchs ... Das Maul halb offen, äugt er ins Tal hinab ... Ob er nach den Herbstblättern sieht, die dort tanzen? ... Ob er nach Mäusen äugt, die sich dort unter den Blättern verstecken? ...

Der scharfe Schrei eines Hähers im Baum über ihm ... Der Fuchs wendet den Blick nicht ... Noch ein Schrei ... Der Fuchs schaut noch immer ins Tal ... Jetzt wendet er sich ab und trottet auf den Wildpfad am Hang ... Bald ist er zwischen den Bäumen verschwunden ...

Eine Feder fällt aus der Höhe ... Auf dem Moos bleibt sie liegen ... Der Wind bewegt sie noch einmal ... Dann liegt sie still ... Welcher Vogel sie wohl verloren hat? ... Nichts zeigt sich ringsum in den Bäumen ...

Ein Hirsch röhrt. Das muss auf der Waldwiese sein ... Dann ist wieder Stille im Wald ... Nur das Rauschen des Windes ... Nur von fern das Glucksen des Baches ...

Im feuchten Wald sind Pilze aus der Erde gesprossen ... Eine Schnecke hat schon eine Rotkappe erstiegen und kostet von ihr ...

Menschenstimmen schallen vom Tal ... Ob das Pilzsammler sind oder einfach nur Wanderer? ... In den Wipfeln rauscht noch immer Wind ...

Ein Tannenzapfen ist auf den Wildpfad gefallen ... Da liegt er nun, weit unter dem Wipfel, in dem er wuchs ... Vielleicht wächst aus ihm ein neuer Baum, und irgendwann sieht er wieder das Himmelsblau ...

Es dämmert schon. Die Tage gehen nun früh zu Ende ... Die Nacht ist lang ...

In der Ruhe sammelt sich wieder die Kraft ... Sie sammelt sich tief in den Wurzeln der Bäume ... Sie sammelt sich in den Herzen der Hirsche ... im Herzen des Fuchses ... im Schmetterling sogar ... Vielleicht kannst du etwas von ihr spüren, von dieser Ruhe ... von dieser Kraft ...

Und nun kommt die Traumreise langsam zum Ende, und du kehrst zurück in den Raum ... Du spürst wieder den Raum um dich und hörst seine Geräusche ... Die Ruhe ist weiter in dir. Und die Kraft. Du spürst vielleicht, wie die Ruhe und die Kraft in dir stärker geworden sind ... Die Augen können sich wieder öffnen ... Atme tief durch! Reck dich und streck dich ...

# Das verlassene Haus

Mach es dir ganz bequem ... Während du dich noch räkelst, kannst du schon beginnen, angenehm ruhiger zu werden ... Deine Augen können noch offen bleiben und auch zu ruhen beginnen – oder sie können sich schließen und die angenehme Ruhe spüren ... Du hörst vielleicht noch Geräusche um dich, im Raum ... oder von draußen ... Und irgendwann können die Geräusche und jede Bewegung ganz gleichgültig werden ... Und du spürst vielleicht schon, wie gut es sich anfühlt, einfach so da zu sein und eine Traumreise zu erleben ...

Hinter der Siedlung, am Waldrand, steht ein verlassenes Haus ... Die Fensterscheiben sind schon lange zerbrochen ... Vor die Fenster sind Bretter genagelt – aber hier und da fallen auch die Bretter schon ab ...

Der Garten des Hauses ist verwildert ... Hier müssen Beete gewesen sein ... mit Blumen oder Gemüse ... Sie sind verschwunden, nur die Wege sind noch da ... Blumen wachsen noch immer – die wilden Blumen des Herbstes ...

Eine Biene kommt ... Sie summt erst einige Astern ab, bevor sie sich auf eine davon setzt und nach Nektar sucht ...

Ob die Biene weiß, dass der Garten verwildert ist? ... Für sie gibt es nur Blumen ... Sie sucht nur nach Nektar in den Blumen ... für ihren Bienenstock ...

Die Biene fliegt zu einer anderen Aster – dann hat sie genug, fliegt auf, verschwindet wieder im Himmel ... Irgendwo muss ihr Stock sein, wo sie zu Hause ist ... Im Himmel sind keine Wege, aber sie findet trotzdem zurück ...

Wenn jemand genau hinhört, dann hört er vielleicht das Summen im Himmel ... Viele Insekten fliegen dort, so klein, dass sie niemand sieht ... Aber hoch droben schimmert der weiße Schweif eines Flugzeugs ...

Hinter dem Summen im Himmel liegt eine große Ruhe ... Im Flug jedes Insekts liegt eine große Ruhe ...

Wie die Vögel durch den Himmel fliegen! ... Wie hoch oben die weißen Wolken ziehen ... Der Himmel ist leicht ... Auch diese Feder ist leicht, die aus dem Himmel fällt ... Und doch schwebt sie immer ein bisschen tiefer, zur Erde ... Der Wind nimmt sie noch einmal ein Stück hoch – dann sinkt sie wieder ...

Die Feder ist gerade auf das Mäuerchen am verlassenen Haus gefallen ... Da liegt sie nun in der Schwere ... Ein Windstoß bewegt sie ein bisschen ... aber sie ist zu schwer und bleibt liegen ...

Auch die Schnecke spürt diese Schwere, sie trägt ja ihr ganzes Haus ... Die Schwere ist angenehm ...

Auf dem Mäuerchen liegt Sonnenschein ... Eine Eidechse ist hier hochgeklettert, aus ihrer Höhle zwischen den Mauersteinen, um sich zu wärmen ...

Die Eidechse liegt ganz in der Ruhe des Himmels ... Sie spürt angenehm ihre Schwere ... Sie spürt die Wärme der Sonne ... Sie spürt die Wärme auch in sich selbst ...

Ob sie das verlassene Haus sieht? ... Oder ist das Haus für sie nur ein großer Stein? ... Ob sie das Dunkle zwischen den Brettern sieht, die vor die Fenster genagelt sind? ... Die Eidechse liegt einfach auf dem Mäuerchen und fühlt sich gut in der Ruhe ... Sie fühlt sich gut in der Schwere ... Sie fühlt sich gut in der Wärme ...

Die Schnecke ist weitergekrochen ... die Wolken sind weitergezogen ... die Insekten sind weitergeflogen – andere summen nun hier ... Das Dunkle im verlassenen Haus ist wie ein Geheimnis ...

Eine Grille hat zu zirpen begonnen, irgendwo ... Die Felder stehen schon fast alle leer ... Das Korn ist in den Speichern der Bauern – oder es ist schon in den Mühlen, um gemahlen zu werden ... Die Grille zirpt immer noch ...

Da gibt es eine Bewegung an einem Fenster des verlassenen Hauses ... Auf ein halb abgerissenes Brett ist ein Vogel geflogen ... Ob er dort drinnen sein Nest hat? ... Der Vogel singt keinen Ton, sitzt nur da ... Ein Weilchen sitzt er am Fenster, dann fliegt er weg, in den Himmel hinein ...

Und nun kommt die Traumreise langsam zum Ende, und du kehrst zurück in den Raum ... Du spürst wieder den Raum um dich und hörst seine Geräusche ... Die Ruhe ist weiter in dir. Und die Kraft. Du spürst vielleicht, wie die Ruhe und die Kraft in dir stärker geworden sind ... Die Augen können sich wieder öffnen ... Atme tief durch! Reck dich und streck dich ...

# Der Weg und der Hügel

Mach es dir ganz bequem ... Während du dich noch räkelst, kannst du schon beginnen, angenehm ruhiger zu werden ... Deine Augen können noch offen bleiben und auch zu ruhen beginnen – oder sie können sich schließen und die angenehme Ruhe spüren ... Du hörst vielleicht noch Geräusche um dich, im Raum ... oder von draußen ... Und irgendwann können die Geräusche und jede Bewegung ganz gleichgültig werden ... Und du spürst vielleicht schon, wie gut es sich anfühlt, einfach so da zu sein und eine Traumreise zu erleben ...

Ein Weg läuft von der Siedlung immer weiter, dem Hügel zu. Autos fahren hier keine, nur ab und zu ein Traktor ... Ist da nicht eben einer in der Ferne zu hören? ... Eine Lerche singt aus dem Himmel über der Wiese ... Ihr Lied scheint endlos ...

In einer Kurve des Wegs hat ein Traktor Gras verloren ... Ein Stück weiter liegen ein paar Weizenkörner zwischen den Steinen ... Vielleicht spült ein Regen sie irgendwann ein Stück weiter in den Graben ... Vielleicht wachsen dort nächstes Jahr Halme von Weizen ... Auf dem Asphalt-Weg können die Körner nicht keimen ... Sie brauchen Erde ...

Die Weinbergschnecke sucht sich ihre Umgebung selbst aus ... Langsam, aber stetig kriecht sie über den Weg ... Bald wird sie am Wegsaum angekommen sein, wo das frische Gras steht und es ihr wieder besser geht als auf dem staubigen Weg ... Ob sie daran denkt, dass sie nur noch ein Stückchen durchhalten muss? Oder ob sie einfach immer weiterkriecht? ...

Über dem Weg liegt die Ruhe ... Es ist eine tiefe Kraft, die alles kennt, was hier lebt ...

Obwohl Grillen zirpen, ist auch die Ruhe da ... Die Grillen zirpen in ihr ...

Obwohl Vögel pfeifen, ist auch die Ruhe da ... Die Vögel pfeifen in ihr ...

Obwohl ein leichter Wind weht und die Gräser bewegt, ist auch die Ruhe da ... Die Gräser rauschen in ihr ... Die Ruhe ist stark ...

Die Weinbergschnecke trägt ihr schweres Haus ganz leicht über den Weg ... Auch die Steine sind schwer ... Und das Rauschen des Windes in den Bäumen klingt schwer ... Vielleicht weil es eine Stärke in sich verborgen hält ...

Gerade scheint die Sonne zwischen den Wolken durch ... Die Wärme der Sonne ist angenehm ... Eine Eidechse lässt sich von ihr wärmen ...

Sie hat sich auf einen großen Stein am Wegrand gelegt und blinzelt in das Licht ... Ob sie die Wärme der Sonne spürt? ... Ob sie die Wärme auch durch sich selbst strömen spürt? ...

Der Weg geht immer ein wenig bergan ... Ein kleines Stück unterhalb des Gipfels endet er an einer großen Scheune ... Auch Bänke stehen dort ... Hier halten Wanderer Rast, bevor sie sich auf den Fußpfad machen, der in den Wald hoch zum Gipfel führt ... Die Vogellieder klingen hier am Wald anders ...

Der Blick über das Land sieht viele Farben ... Am Horizont liegt ein milchiges Weiß ... In der Ferne fährt ein Traktor ... Seine Bewegung ist zu sehen – aber wo ist der Klang? ... Vielleicht hört ihn jemand, wenn er ganz genau hinhört ...

Wenn einer ganz genau hinhört, dann hört er viele Geräusche ... Wenn einer ganz genau hinhört, dann hört er vielleicht auch einen Atem gehen ... Der Atem geht ein und aus, ein und aus, ganz ruhig und gleichmäßig, ganz von allein ...

Der weite Blick über das Land ist ein Blick über die Ruhe des Landes ... Auch diese Siedlung dort: Obwohl in ihr Autos fahren und vieles geschieht, vieles, was Ärger macht, vieles, was Freude macht – von hier oben siehst du die Ruhe, die unter allem liegt ... Von hier oben spürst du vielleicht etwas von der Kraft in dieser Ruhe, die unter allem liegt ...

Die Vögel pfeifen noch immer ... Über dem Berg treiben Wolken ... Sie treiben weiter, dem Horizont zu ...

Und nun kommt die Traumreise langsam zum Ende, und du kehrst zurück in den Raum ... Du spürst wieder den Raum um dich und hörst seine Geräusche ... Die Ruhe ist weiter in dir. Und die Kraft. Du spürst vielleicht, wie die Ruhe und die Kraft in dir stärker geworden sind ... Die Augen können sich wieder öffnen ... Atme tief durch! Reck dich und streck dich ...

## Die Taube

Mach es dir ganz bequem ... Während du dich noch räkelst, kannst du schon beginnen, angenehm ruhiger zu werden ... Deine Augen können noch offen bleiben und auch zu ruhen beginnen – oder sie können sich schließen und die angenehme Ruhe spüren ... Du hörst vielleicht noch Geräusche um dich, im Raum ... oder von draußen ... Und irgendwann können die Geräusche und jede Bewegung ganz gleichgültig werden ... Und du spürst vielleicht schon, wie gut es sich anfühlt, einfach so da zu sein und eine Traumreise zu erleben ...

Auf einer Leitung, die sich hoch über dem Boden zwischen zwei Häusern spannt, sitzt eine Taube und schaut in die Gärten ... Der leichte Wind bewegt ihre Federn, auch die Leitung bewegt sich manchmal ganz leicht ... Die Taube aber sitzt nur da und schaut in das Grün hinter den Häusern ...

Ringsum pfeifen Vögel ... Die Taube aber ist ganz still ... Sie schaut nur, schaut hinab in die Gärten ...

Die Wiese des einen Gartens wurde gerade gemäht ... Aber schon sprießen wieder die Gänseblümchen ... Vielleicht war das eine oder das andere Gänseblümchen auch so klein, dass der Rasenmäher über es hinwegfuhr ...

Das gemähte Gras ist schon etwas verdorrt ... Sein Duft liegt über dem Garten und ist heute stärker als jeder andere Duft ...

Der Duft der Rosen am Haus scheint deshalb heute nicht so stark wie sonst ... Nur wenn jemand ganz nahe zu ihnen käme und an ihnen riechen würde, wäre der Duft stark wie immer ...

Auf der Terrasse des einen Hauses steht ein Grill. Sein Feuer ist längst erloschen. Der Duft seiner Holzkohle ist noch etwas stärker als der Duft des Grases ringsum ...

Vielleicht haben hier gestern Abend die Bewohner des Hauses ein Fest gefeiert ... Oder sie haben einfach nur so gegrillt, zum Abendessen vielleicht ... Obwohl die beste Jahreszeit dafür eigentlich schon vorbei ist ... Da stehen noch eine Tasse und ein Teller auf dem Tisch ...

Die Taube auf der Leitung hat sich zu putzen begonnen ... Erst putzt sie mit dem Schnabel den einen Flügel ... dann den anderen ... Eine Flaumfeder hat sich gelöst und fällt langsam zu Boden ... Ein Wind nimmt sie ein Stückchen mit ... Gerade neben ein Gänseblümchen fällt die Flaumfeder auf den gemähten Rasen ... Da liegt sie nun still, ganz still ...

Ganz leicht ist sie durch den Himmel gesegelt, aber hier liegt sie nun schwer auf der Erde ...

Ein Sonnenstrahl bricht durch die Wolken und fällt gerade auf die Feder ... Wie hell die Feder nun leuchtet ... Und eine Wärme ist mit dem Sonnenstrahl da, die sich in der Feder nun ausbreitet ...

Die Taube auf der Leitung hat mit ihrem Putz aufgehört und schaut wieder in die Gärten hinab ...

Der Garten des anderen Hauses ist wild ... Hier wurde schon lange nicht mehr gemäht ... Vielleicht sind die Bewohner verreist – oder es gefällt ihnen wild besser ...

Die Blätter der Bäume haben sich schon zu färben begonnen ... Der Apfelbaum ist abgeerntet ... Aber da liegt noch ein vergessener Apfel im Gras und fault vor sich hin ...

Bunte Stangen sind in die Wiese gesteckt, sie tragen Figuren ... Die eine Stange trägt einen Engel ... Eine andere Stange trägt einen großen Schmetterling ... Und die dritte Stange trägt einen Vogel ... Ein leichter Wind geht, aber die Stangen sind fest in die Erde gesteckt, alle Figuren bleiben im Wind ganz ruhig ...

Der leichte Wind ist wie ein Atem ... Eine Ruhe liegt in ihm – und eine Kraft ... In diesem Wind strömt auch der Atem der Taube, die noch immer auf der Leitung zwischen den Häusern hockt ... Ob sie etwas von dieser Ruhe und Kraft spüren kann? ... Ganz ruhig sitzt sie da und schaut in die Gärten hinab ... Die Ruhe und die Kraft sind auch in ihr ...

Und nun kommt die Traumreise langsam zum Ende, und du kehrst zurück in den Raum ... Du spürst wieder den Raum um dich und hörst seine Geräusche ... Die Ruhe ist weiter in dir. Und die Kraft. Du spürst vielleicht, wie die Ruhe und die Kraft in dir stärker geworden sind ... Die Augen können sich wieder öffnen ... Atme tief durch! Reck dich und streck dich ...

## Auf leeren Feldern

Mach es dir ganz bequem ... Während du dich noch räkelst, kannst du schon beginnen, angenehm ruhiger zu werden ... Deine Augen können noch offen bleiben und auch zu ruhen beginnen – oder sie können sich schließen und die angenehme Ruhe spüren ... Du hörst vielleicht noch Geräusche um dich, im Raum ... oder von draußen ... Und irgendwann können die Geräusche und jede Bewegung ganz gleichgültig werden ... Und du spürst vielleicht schon, wie gut es sich anfühlt, einfach so da zu sein und eine Traumreise zu erleben ...

Die Felder sind abgeerntet, nur noch Stoppeln stehen ... Hier und da ist Stroh liegengeblieben ... Und an manchen Stellen sogar etwas Korn ...

Die Vögel des Feldes haben schon fast alles gefunden und gefressen ... Da stolziert noch eine Krähe über das leere Feld, auf der Suche nach Vergessenem ... Dort fliegt eine Schar Spatzen auf, hinüber zum Maisfeld ...

Der Mais steht noch ... Er wird als letztes geerntet ... Wenn ein Wind geht, rauscht es in ihm ... Der Wind rauscht im Mais – der Mais rauscht im Wind ... Das Rauschen ist da, wird stärker, verschwindet wieder ...

Auf der Stromleitung, die über das Feld läuft, sammeln sich Vögel ... Hunderte sind schon da, sitzen nebeneinander auf der langen Leitung, zwitschern ... Andere kommen noch hinzu ... Einige Vögel fliegen auf, drehen eine Runde im Himmel, kehren zurück auf die Leitung ... Über ihnen ziehen Wolken ...

Bald werden sich die Vögel aufmachen und nach Süden fliegen ... Über das weite Land geht ihr Flug ... über die Berge, sogar über das Meer werden sie fliegen, dorthin, wo es immer warm ist ... Aber jetzt sitzen sie noch auf der Leitung und warten ...

Hier und da huscht eine Bewegung über das leere Feld ... Eine Maus ist das – oder ein wilder Hamster –, die nun vergessene Körner suchen und in ihren Wohnungen unter der Erde sammeln ... Sie horten Vorrat für den Winter ...

Mäuse und Hamster sind nur schwer zu erkennen, sie sind ganz vorsichtig, damit sie der Raubvogel nicht entdeckt, der hoch am Himmel kreist ...

Die weiten Kreise des Raubvogels über den Feldern ... Der Wind pfeift ihm unter den Flügeln und hält ihn hoch in der Luft ... Er späht über das leer gewordene Land ... Sein Flug ist ganz ruhig ... Aber sein Blick ist sehr genau und ganz wach ... Der ruhige Flug trägt den wachen Blick des Vogels ...

Von einer Wiese sieht der Raubvogel Drachen aufsteigen ... Kinder halten sie an Schnüren, der Wind trägt sie hoch ... Den Raubvogel kümmert das nicht, er sucht nach Mäusen ...

Einer der Drachen ist abgestürzt. Kinder springen zu ihm und heben ihn auf ... Er ist unbeschädigt, schon halten sie ihn wieder in den Wind. Die Schnur spannt sich an – ein Kind hat sie in der Hand und läuft los –, der Drachen steigt auf in den Himmel ...

Der Tanz der bunten Drachen am Himmel, über dem leer gewordenen Land ... Die Schweife der Drachen wedeln lustig, wenn der Wind sie schüttelt ... Darüber ziehen Wolken ...

Ein Drachen ist ins Geäst eines Baumes gestürzt ... Da hängt er nun ... Das mag schon Tage her sein ... Die Blätter des Baumes sind bunt ... Ein paar Äpfel hängen noch um den Drachen herum ... Wenn ein Windstoß kommt, bewegt sich der Drachen ein wenig ...

Im Stoppelfeld zirpt eine Grille ... Sonst ist nur der Wind zu hören ... und ab und zu der Ruf einer Krähe ... Die Spatzen sind weggeflogen – und auch die Stromleitung ist leer ... Irgendwann, ganz unbemerkt, haben die Vögel ihren Flug in den Süden begonnen ... Irgendwo dort, bei den Wolken, fliegen sie nun, ganz in der Ruhe, ganz in der Kraft ...

Herbstlicht liegt über dem Land ... Seine Ruhe durchwirkt alles, was ist, auf den Wiesen, auf den Feldern, auf allem, was bleiben will ...

Und nun kommt die Traumreise langsam zum Ende, und du kehrst zurück in den Raum ... Du spürst wieder den Raum um dich und hörst seine Geräusche ... Die Ruhe ist weiter in dir. Und die Kraft. Du spürst vielleicht, wie die Ruhe und die Kraft in dir stärker geworden sind ... Die Augen können sich wieder öffnen ... Atme tief durch! Reck dich und streck dich ...

## An der alten Mühle

Mach es dir ganz bequem ... Während du dich noch räkelst, kannst du schon beginnen, angenehm ruhiger zu werden ... Deine Augen können noch offen bleiben und auch zu ruhen beginnen – oder sie können sich schließen und die angenehme Ruhe spüren ... Du hörst vielleicht noch Geräusche um dich, im Raum ... oder von draußen ... Und irgendwann können die Geräusche und jede Bewegung ganz gleichgültig werden ... Und du spürst vielleicht schon, wie gut es sich anfühlt, einfach so da zu sein und eine Traumreise zu erleben ...

Die alte Mühle ist nicht mehr in Betrieb. Aber das Mühlrad dreht sich immer noch ... Das Wasser des Bachs fließt ruhig und klar, die Schaufeln des Mühlrads tauchen fast lautlos ein ... und tauchen fast lautlos wieder auf ... Die Bewegung des Wassers am Mühlrad sieht jeder ... Die Bewegung der Luft am Mühlrad ist fast gar nicht zu sehen ...

Wenn einer ganz genau hinschaut, sieht er die Bewegung der Luft vielleicht an einem Stück Flaum, das über dem Mühlrad unruhig wirbelt, bevor es dahinter wieder ruhig durch den Himmel schwebt ... Oder jemand spürt den kleinen Luftzug der Bewegung ...

Obwohl das sich drehende Mühlrad etwas Unruhe in das Wasser bringt, bewegt es sich selbst ganz ruhig ... Obwohl das sich drehende Mühlrad etwas Unruhe in die Luft bringt, bewegt es sich selbst ganz ruhig ... Die Ruhe des Mühlrads ist in der Ruhe des Himmels ... Die Ruhe des Mühlrads ist in der Ruhe des Wassers ...

Früher wurde in der Mühle gemahlen ... Schwere Säcke voll Korn trug man in die Mühle hinein ... Und nach dem Mahlen trug man schwere Säcke voll Mehl zur Mühle hinaus. Ein Wagen fuhr sie zum Bäcker, der dann Brote daraus buk ... Heute steht die Mühle verlassen ...

Immer wieder trägt der Bach Blätter an der alten Mühle vorbei ... Ein paar Blätter haben sich am Mühlrad verfangen ... Auf den Schaufeln tauchen die Blätter in das Wasser ... und tauchen wieder auf ... und reißen sich los und treiben weiter im Bach ...

Die Heckenrosen an der Mühle sind lange verblüht ... aber nun leuchtet das Rot von Hagebutten im fast schon kahlen Gezweig ... Die Sonne steht nicht mehr so hoch wie im Sommer – aber die Farben sind kräftiger geworden ...

Im Wegsaum schimmern Spinnennetze im wilden Gras ... An ihren Fäden hat sich Dunst festgesetzt, so sind sie jetzt zu sehen ... Hier und da treibt ein losgerissener Spinnenfaden durch den Himmel ...

Im Himmel kreist ein Bussard ... Ab und zu ist sein heller Ruf zu hören ... Viele Vögel sind in den Süden geflogen, aber die Mäuse blieben hier – und so blieb auch der Bussard ... Hoch über dem Land segelt er hin und späht mit hellwachen Augen auf das Land unter sich ...

Die Felder sind abgeerntet ... Das Gras der Wiesen ist gemäht ... Hier und da flattert vielleicht noch ein Schmetterling ...

Im Acker hockt ein Hase ... Seine Ohren sind gespitzt ... Er sitzt regungslos ... Sein Fell ist vom Braun der Erde kaum zu unterscheiden ... In einer Furche sitzt er und lauscht hinein in die Stille ...

Der Bussard im Himmel ist weitergeflogen, ein Stückchen mit den Wolken ... Hier spürt er die Ruhe und die Kraft in sich ... Hier spürt er die Ruhe und die Kraft überall ... Er beginnt einen weiteren Kreis durch den Himmel ...

Und nun kommt die Traumreise langsam zum Ende, und du kehrst zurück in den Raum ... Du spürst wieder den Raum um dich und hörst seine Geräusche ... Die Ruhe ist weiter in dir. Und die Kraft. Du spürst vielleicht, wie die Ruhe und die Kraft in dir stärker geworden sind ... Die Augen können sich wieder öffnen ... Atme tief durch! Reck dich und streck dich ...

# Laterne, Laterne ...

Mach es dir ganz bequem ... Während du dich noch räkelst, kannst du schon beginnen, angenehm ruhiger zu werden ... Deine Augen können noch offen bleiben und auch zu ruhen beginnen – oder sie können sich schließen und die angenehme Ruhe spüren ... Du hörst vielleicht noch Geräusche um dich, im Raum ... oder von draußen ... Und irgendwann können die Geräusche und jede Bewegung ganz gleichgültig werden ... Und du spürst vielleicht schon, wie gut es sich anfühlt, einfach so da zu sein und eine Traumreise zu erleben ...

Am Brunnen versammeln sich die Laternen. Fast jedes Kind hat eine mitgebracht, nun werden ihre Lichter entzündet ... Die Lichter machen die Laternen lebendig ... Wenn sie nun an den Stielen hochgehoben werden, schwanken sie leicht in den Händen ... Die Kinder und ihre Eltern warten noch auf weitere Laternen ...

Am Himmel scheint der Mond ... Einige Sterne sind auch schon zu sehen, obwohl es noch nicht ganz dunkel ist ... Eine große Ruhe liegt um den Mond und die Sterne ...

Ein paar Vögel fliegen quer über den Himmel, ihren Schlafbäumen zu ... Vielleicht wundern sich die Vögel über die Lichter am Himmel ... In ihrem langsamen Flug liegt Ruhe ...

Viele Bäume sind kahl ... Auf anderen bewegen sich noch ein paar braune Blätter im Wind ... Die leichte Bewegung der Blätter kann schön sein ... Wenn sie im Wind rauschen, dann rauscht nicht ein Blatt alleine, sondern alle rauschen zusammen ... Ein Blatt rauscht mehr, ein Blatt rauscht weniger ...

Ein paar Laternen sind noch dazugekommen, nun gehen sie alle zusammen los ... Ein paar gehen vorne, andere gehen etwas langsamer, so entsteht ein schöner Lichterzug ...

Manche Menschen reden, andere sind still und betrachten die Lichter ... Die Laternen leuchten, der Mond und die Sterne leuchten ... Manche Augen glänzen ... Vielleicht kommt das vom Licht des Mondes ... Vielleicht kommt das vom Licht der Laternen ...

Als jemand ein Laternenlied zu singen beginnt, singen fast alle mit ... Aber manche schweigen auch jetzt lieber ... Vielleicht hören sie lieber zu ... Vielleicht achten sie lieber auf das Licht ... Vielleicht achten sie lieber auf die kleinen Geräusche der Dunkelheit ...

Der Laternenzug ist nun hinter der Straßenbiegung verschwunden ... Der Brunnen ist immer noch da ... Sein Glucksen klingt in der Nacht lauter als am Tag ... Vielleicht weil es wirklich lauter ist ... Vielleicht weil alles andere leiser wurde und der Brunnen deshalb besser zu hören ist ... Vielleicht weil man erst in der Dunkelheit auf das Rauschen des Brunnens achtet ...

Da kommen noch zwei Kinder und ein Mann ... Ihre Laternen sind schon angezündet ... Sie stehen kurz am Brunnen und sprechen miteinander ... Dann gehen sie weiter, den anderen nach ... Ihre Schritte sind gut zu hören in der Dunkelheit ... Die Schritte des Mannes sind lauter als die Schritte der Kinder ... Die Schritte der Kinder sind schneller als die Schritte des Mannes ...

Über den Laternen schwebt noch immer der Mond ... Seine Ruhe macht die ganze Welt ruhig ... In seiner Ruhe sind auch die Bäume ruhig geworden ... In seiner Ruhe sind auch die Vögel ruhig geworden ... In seiner Ruhe wird die Ruhe überall noch einmal ruhiger ...

Und nun kommt die Traumreise langsam zum Ende, und du kehrst zurück in den Raum ... Du spürst wieder den Raum um dich und hörst seine Geräusche ... Die Ruhe ist weiter in dir. Und die Kraft. Du spürst vielleicht, wie die Ruhe und die Kraft in dir stärker geworden sind ... Die Augen können sich wieder öffnen ... Atme tief durch! Reck dich und streck dich ...

## Nebel

Mach es dir ganz bequem ... Während du dich noch räkelst, kannst du schon beginnen, angenehm ruhiger zu werden ... Deine Augen können noch offen bleiben und auch zu ruhen beginnen – oder sie können sich schließen und die angenehme Ruhe spüren ... Du hörst vielleicht noch Geräusche um dich, im Raum ... oder von draußen ... Und irgendwann können die Geräusche und jede Bewegung ganz gleichgültig werden ... Und du spürst vielleicht schon, wie gut es sich anfühlt, einfach so da zu sein und eine Traumreise zu erleben ...

Im Vorgarten steht eine große Rübe, die ausgehöhlt wurde und in die ein Gesicht geschnitten ist: Das ist der Rübengeist. Als in der Nacht im Inneren der Rübe noch das Teelicht leuchtete, sahen die zackig geschnittenen Zähne besonders unheimlich aus. Nun ist das Licht in der Rübe erloschen und die Sonne scheint ...

Weiter unten im Tal, wo der Bach läuft, hat es die Sonne noch schwer, dort liegt Nebel ... Ein Bach tönt durch das fließende Weiß ... In einem Busch am Ufer singt ein Vogel wenige Töne ...

Die Blätter des Buschs sind fahl geworden ... Gerade fällt ein Blatt ab, auf das Wasser des Bachs ... Die Wellen nehmen es auf, tragen es um eine Biegung herum in den Nebel hinein ...

Das Blatt ist verschwunden, der Bach ist immer noch da ... und der Busch, in dem der Vogel wieder ein paar Töne pfeift ... aus dem wieder ein Blatt fällt, wieder auf das Wasser des Bachs ... und wieder davongeschwemmt wird, um die Biegung, in den Nebel hinein ...

Etwas den Bach hinunter steht eine Brücke, über die führt ein Weg an einer Scheune vorbei ... Aus der Scheune sind Geräusche zu hören ... Schafe sind es, die lagern im warmen Dämmerlicht, während draußen noch der Nebel wogt ...

Die Schafe lagern dicht aneinander, so dicht, dass sie ihre Wärme spüren können ... So dicht, dass sie vielleicht den Atem des anderen spüren können, wie er ein- und ausströmt ... So dicht, dass sie die Ruhe des anderen spüren können – und seine Lebendigkeit ...

Ein Stück den Bach hinunter kommen die Wiesen, auf denen die Schafe gestern grasten ... Nun ist der Nebel dort – und hat unzählige Wassertröpfchen auf die Gräser gesät ... Hier und da schimmern die Wassertröpfchen auch in den Netzen von Spinnen, die zwischen den Grashalmen hängen ...

Die Scheibe der Sonne taucht schwach im Nebel auf ... und verschwindet schon wieder im Nebel ... Dort im Himmel geht der Nebel über in Wolken ... Die ziehen langsam in die Richtung der Sonne ...

Eine Krähe schwingt sich lautlos aus einem leeren Feld durch den Nebel ... Ihr schwarzes Gefieder gibt dem Nebel eine Gestalt ... Bald verschwindet die Krähe wieder im Nebel ... Die Ruhe ihres Flugs geht über in die Ruhe des Nebels ...

Weiter unten am Bach liegen einige Schrebergärten ... Dort sind noch späte Blumen zu sehen ... Die meisten Astern sind verblüht ... Aber sitzt da nicht sogar ein Schmetterling auf einer späten Blüte? ...

In der Hütte eines der Schrebergärten stehen ausgehöhlte Kürbisse ... Jemand muss vor kurzem die Lichter in ihnen entzündet haben ... So leuchten sie nun in den Nebel ...

Der Bach gluckst ... Ab und zu ruft ein Vogel ... Eine tiefe Ruhe liegt in den leuchtenden Kürbissen ... Eine tiefe Ruhe liegt im wogenden Nebel ...

Und nun kommt die Traumreise langsam zum Ende, und du kehrst zurück in den Raum ... Du spürst wieder den Raum um dich und hörst seine Geräusche ... Die Ruhe ist weiter in dir. Und die Kraft. Du spürst vielleicht, wie die Ruhe und die Kraft in dir stärker geworden sind ... Die Augen können sich wieder öffnen ... Atme tief durch! Reck dich und streck dich ...

## Der Turm

Mach es dir ganz bequem ... Während du dich noch räkelst, kannst du schon beginnen, angenehm ruhiger zu werden ... Deine Augen können noch offen bleiben und auch zu ruhen beginnen – oder sie können sich schließen und die angenehme Ruhe spüren ... Du hörst vielleicht noch Geräusche um dich, im Raum ... oder von draußen ... Und irgendwann können die Geräusche und jede Bewegung ganz gleichgültig werden ... Und du spürst vielleicht schon, wie gut es sich anfühlt, einfach so da zu sein und eine Traumreise zu erleben ...

Der Turm steht auf dem höchsten Punkt eines Hügels ... Er hat einen weiten Blick über das Land ... Er sah, wie im Tal der letzte Schnee schmolz ... Er sah die weißen Blüten aufgehen, als wollten sie die Farbe des Schnees noch ein wenig länger auf der Erde halten ... Er sah die bunten Farben der Wiesenblumen ... Und nun sieht er auf bunt gewordenes Laub der Wälder ...

Am Turm hat ein Falke seinen Unterschlupf ... Gerade wirft er sich vertrauensvoll in den Abgrund ... und seine Flügel tragen ihn ... Der Falke fliegt durch den Himmel, bis über die Felder ...

Die Felder sind fast kahl ... Nur hier und da stehen noch die Reihen des Maises ... Und wachsen dort auf einem Abfallplatz Kürbisse? ... Wenn jemand ganz genau hinschauen könnte, so wie der Falke, dann sähe er noch viel anderes Leben ...

Auf der Wiese eine Bewegung – der Maulwurfshaufen öffnet sich und zwei Klauen erscheinen ... Dann folgt der Kopf ... Ein Maulwurf blinzelt in das milde Licht ...

An seiner Nase vorbei flattert ein Schmetterling ... durch treibende Spinnenfäden fliegt er hinein in die Welt ... Die Welt ist kühler geworden – aber sie ist genauso groß wie sie immer war ... Der Schmetterling sucht nach den letzten Blumen ...

Auch Bienen sind noch unterwegs ... Und eine Grille zirpt ... Wenn man genau hinhört, wird das leere Land lebendig ...

Die Blätter der Bäume und Büsche am Bach sind gelb geworden ... Ab und zu nimmt der Wind ein paar davon mit, irgendwohin ... und lässt sie dann irgendwo liegen ...

Es ist wie ein großer Atem, der über dem Land geht ... Es ist ein großer Atem, durch den jeder Atem geht, der jeden kleinen Atem in sich aufnimmt und ihn größer sein lässt ... Der Atem geht ein und aus, ein und aus, ganz ruhig und gleichmäßig, ganz von allein ...

Ein Feldhase schaut aus der Ackerfurche über das Land ... Er scheint etwas zu kauen, jedenfalls bewegen sich seine Kiefer ... Der Falke, der über dem Acker kreist, kümmert ihn nicht ... Er weiß, dass er vor ihm keine Angst zu haben braucht, das müssen nur Mäuse ... Der Hase hockt immer noch da und sieht mit einem langen Blick über das ruhige Land ...

Manchmal sieht es so aus, als stieße eine der niedrig treibenden Wolken mit dem Turm zusammen ... Aber nichts passiert ... Sie lösen sich wieder voneinander, die Wolke fliegt weiter, der Turm bleibt zurück ... Keine Wolke wird aufgehalten von irgendetwas unter dem Himmel ... Der Turm wird nicht von Wolken zerstört ... Die Wolken gleiten am Turm vorbei ...

Nun, im milden Licht, scheint der Turm zu summen ... Um die unscheinbaren Blüten des Herbstes drängen sich Bienen ... hierher sind sie geflogen, über das leere Feld ...

Durch das Summen taumelt ein Schmetterling. Ob es derselbe wie vorhin ist? ... Die Welt ist weit, der Schmetterling ist von irgendwoher gerade hierher gekommen ...

Zwei Wanderer steigen die Stufen des Turms hoch ... Ein ganzes Stück geht es durch Dämmerlicht ... Die hölzernen Stufen knarren ... Dann stehen sie oben und schauen über das Land ...

Eine Stelle gibt es, an der sie bis zu den Hochhäusern der Stadt sehen können ... Von einer anderen Stelle geht ihr Blick bis zum Fluss ... Von jeder Stelle aus aber sehen sie die bunten Farben der Wälder ... Und überall sind die Ruhe und die Kraft zu spüren, die über dem Turm liegen und über dem ganzen Land ... Die Ruhe und die Kraft, die immer noch größer werden ...

Und nun kommt die Traumreise langsam zum Ende, und du kehrst zurück in den Raum ... Du spürst wieder den Raum um dich und hörst seine Geräusche ... Die Ruhe ist weiter in dir. Und die Kraft. Du spürst vielleicht, wie die Ruhe und die Kraft in dir stärker geworden sind ... Die Augen können sich wieder öffnen ... Atme tief durch! Reck dich und streck dich ...

## Der Segelflieger

Mach es dir ganz bequem ... Während du dich noch räkelst, kannst du schon beginnen, angenehm ruhiger zu werden ... Deine Augen können noch offen bleiben und auch zu ruhen beginnen – oder sie können sich schließen und die angenehme Ruhe spüren ... Du hörst vielleicht noch Geräusche um dich, im Raum ... oder von draußen ... Und irgendwann können die Geräusche und jede Bewegung ganz gleichgültig werden ... Und du spürst vielleicht schon, wie gut es sich anfühlt, einfach so da zu sein und eine Traumreise zu erleben ...

Der Segelflieger hat eine gute Luftströmung gefunden, die führt ihn nun weiter hinauf in den Himmel ... Die langen Flügel zittern manchmal leicht – als wollten sie zeigen, wie stark sie sind ... als wollten sie zeigen, wie weit hinein in den Himmel sie noch tragen wollen ...

Über dem Segelflieger ziehen Wolken ...Sie scheinen sogar noch etwas langsamer zu sein ... Aber ihr Zug ist unaufhaltsam, nichts kann sich Wolken entgegenstellen ... In ihrem langsamen Zug sind alle Ruhe und alle Kraft der Welt ...

Manchmal streift der Segelflieger die unteren Ränder einer Wolke ... Manchmal driften weiße Schleier über die festen Flügel hinweg ... Die Ruhe der Wolken ist schon auf den Segelflieger übergegangen ...

Noch höher ist nur das Blau des Himmels ... Und natürlich die Sonne ... Alle Fluten des Lichts schickt sie über die Erde, freigiebig, ohne etwas zu verlangen, nicht einmal Dank ... Immer nur geben, ohne je etwas zurück zu bekommen, ohne irgend etwas zurück zu wollen – das kann nur die Sonne ...

Die Sonne ist hell – und die Sonne ist warm ... Der Segelflieger segelt durch die helle Wärme des Lichts ...

Am Segelflieger vorbei steigt ein Luftballon ... Vielleicht hat er sich von einem Stand auf dem Jahrmarkt losgerissen ... Vielleicht wurde er auch fliegengelassen – bei einem Luftballonwettbewerb ... Ob so ein Luftballon wohl bis zu den südlichen Bergen fliegen kann? ... Oder womöglich bis an das Meer? ...

Tief unten schlängelt sich das silberne Band eines Flusses ... Weinberge sind an den Hängen des Flusstals zu ahnen ... Vielleicht werden die Trauben schon geerntet ... Die Farbe der Wälder tief unter dem Segelflieger – Gelb ist das ... Rot ... und schon viel Braun ...

Das viele Rot an diesem besonderen Fleck ist keine Herbstfarbe, das sind die Dächer einer Stadt ... Aber zwischen dem Rot der Dächer ist auch das Gelb und Braun und Rot der Bäume und ihres späten Laubs ...

Hier oben ist vom Lärm der Stadt gar nichts zu hören ... In dieser Ferne gibt es auch keinen Ärger, keine Angst, keine Wut, keine Trauer, keine Probleme ... Aber in dieser Ferne gibt es die Freude ... Vielleicht kommt sie aus der Ruhe und Stille, die über der Welt liegt ...

Ein bisschen tiefer ist noch etwas anderes zu hören als gelegentlich der Wind und noch seltener ein Flugzeug ... Ein bisschen tiefer beginnen die Pfiffe der Vögel ... Aus der Ruhe und Stille entstehen sie, vielleicht sogar aus dem Wind ...

Das Segelflugzeug ist noch tiefer gegangen, es setzt zur Landung an, es will wieder auf die Erde zurück ... Immer noch tiefer geht es, bis die Landebahn vor ihm auftaucht ... In der Ruhe und der Kraft segelt das Flugzeug noch immer ... Vielleicht bleiben sie erhalten, wenn es jetzt landet – vielleicht wachsen die Ruhe und die Kraft sogar noch ...

Und nun kommt die Traumreise langsam zum Ende, und du kehrst zurück in den Raum ... Du spürst wieder den Raum um dich und hörst seine Geräusche ... Die Ruhe ist weiter in dir. Und die Kraft. Du spürst vielleicht, wie die Ruhe und die Kraft in dir stärker geworden sind ... Die Augen können sich wieder öffnen ... Atme tief durch! Reck dich und streck dich ...

## Die leere Flasche

Mach es dir ganz bequem ... Während du dich noch räkelst, kannst du schon beginnen, angenehm ruhiger zu werden ... Deine Augen können noch offen bleiben und auch zu ruhen beginnen – oder sie können sich schließen und die angenehme Ruhe spüren ... Du hörst vielleicht noch Geräusche um dich, im Raum ... oder von draußen ... Und irgendwann können die Geräusche und jede Bewegung ganz gleichgültig werden ... Und du spürst vielleicht schon, wie gut es sich anfühlt, einfach so da zu sein und eine Traumreise zu erleben ...

Tief im Wald liegt eine leere Bierflasche, halb eingesunken in die Walderde. Wie sie dorthin gekommen ist, weiß keiner der Bäume ringsum. Vielleicht hat sie einmal ein Waldarbeiter vergessen, nach einer Rast, und ist weggegangen, den nächsten Baum zu fällen, und die Flasche blieb zurück ... Vielleicht hat sie ein Wanderer vergessen, der hier Rast gemacht hat, weitab vom nächsten Weg ...

Die Jahre sind seither durch den Wald gezogen – und nun ist wieder ein Herbst ... Gefallenes Laub liegt um die Flasche herum ... Die Wipfel der Bäume sind lichter geworden ... Noch vor einigen Wochen ließen sie kaum einen Lichtstrahl auf den Waldboden, jetzt blinzelt die Sonne immer breiter hindurch ...

Die Sonne ist nicht mehr so heiß, aber angenehm warm ... Eine angenehme Wärme steht im Wald, manchmal wird sie ein wenig von einem Windstoß bewegt ...

Das Rauschen des Windes ist in den letzten Wochen stärker geworden, weil die Blätter starr wurden und nun viel stärker rascheln als zuvor ...

Nicht weit von der Flasche steht ein Fliegenpilz ... Seine rot-weiße Kappe sieht schön aus – und ist giftig ... Wann der Pilz aus der Erde gewachsen ist, weiß keiner der Bäume ringsum ... Er war einfach da ... Und er wird irgendwann einfach vergangen sein ...

Ein paar andere Pilze stehen nicht weit davon, Rotkappen sind es ... Wenn ein Pilzsammler kommt, nimmt er sie mit ... Aber hier kommt kaum jemand her ...

Außer vielleicht dieser dicken Fliege, die stolz durch den Wald brummt ... Wahrscheinlich glaubt sie, sie wäre die wichtigste Person auf der Welt ... Aber es gibt so viele Wesen, dass niemand weiß, wer das wichtigste ist ... Die Bäume ringsum jedenfalls wissen es nicht ...

Vielleicht ist das wichtigste Wesen gerade so ein Baum, der nichts weiß, sondern einfach nur da ist ...

Vielleicht ist das wichtigste Wesen dieser Grashalm, der nur deshalb hier wachsen kann, weil ein Holzfäller einen Baum schlug und deshalb eine kleine Lücke im Blätterdach entstand, durch die etwas mehr Licht fällt als in der Nachbarschaft ... Denn Grashalme brauchen Licht ...

Vielleicht ist das wichtigste Wesen in der Welt gerade dieser Holzfäller, der Bäume fällt und so mehr Licht in den Wald lässt, das so viele Wesen zum Leben brauchen ...

Vielleicht ist das wichtigste Wesen der Welt dieser Fliegenpilz, auch wenn er in ein paar Tagen schon wieder vergessen ist ...

Vielleicht ist das wichtigste Wesen der Welt eines der beiden Eichhörnchen, die gerade einen dicken Baumstamm hinauftollen ...

Vielleicht ist das wichtigste Wesen auf der Welt aber tatsächlich diese dicke Fliege, die an diesem Herbsttag durch den Wald summt und selbst nicht weiß, wohin ...

Über allen Wesen und dem ganzen Wald liegt eine tiefe Ruhe – alle Geräusche kommen daraus, alles Leben – und deshalb ist vielleicht jedes Leben das wichtigste Wesen, in dieser Ruhe, in dieser Kraft ...

Die Ruhe und die Kraft können immer noch stärker werden, sie können wachsen ... Die Ruhe und die Kraft können immer besser zu spüren sein, wenn du auf sie achtest ...

Und nun kommt die Traumreise langsam zum Ende, und du kehrst zurück in den Raum ... Du spürst wieder den Raum um dich und hörst seine Geräusche ... Die Ruhe ist weiter in dir. Und die Kraft. Du spürst vielleicht, wie die Ruhe und die Kraft in dir stärker geworden sind ... Die Augen können sich wieder öffnen ... Atme tief durch! Reck dich und streck dich ...

# Winter

## Am Hügel

Mach es dir ganz bequem ... Während du dich noch räkelst, kannst du schon beginnen, angenehm ruhiger zu werden ... Deine Augen können noch offen bleiben und auch zu ruhen beginnen – oder sie können sich schließen und die angenehme Ruhe spüren ... Du hörst vielleicht noch Geräusche um dich, im Raum ... oder von draußen ... Und irgendwann können die Geräusche und jede Bewegung ganz gleichgültig werden ... Und du spürst vielleicht schon, wie gut es sich anfühlt, einfach so da zu sein und eine Traumreise zu erleben ...

Stell dir eine schöne Stelle an einem Hügel vor. Fahles Gras steht. Auf dem kleinen Mäuerchen sonnen sich in der warmen Jahreszeit Eidechsen. Jetzt ist es zu kalt. Sie haben sich in die tiefen Ritzen der Mauer zurückgezogen ...

Die Sonne steht am Himmel, aber sie ist weniger hell als im Sommer und Herbst. Dennoch erhellt sie das ganze Land ...

In den fahlen Grashalmen glänzen hier und da weiße Fäden ... Spinnenfäden sind es, die der Wind davontrug und irgendwo wieder losließ, in denen nun das Sonnenlicht spielt ...

Vielleicht ist irgendwo im Gras noch eine Grille zu hören. Das wird die allerletzte sein. Alle anderen haben sich in der warmen Erde versteckt ... Vielleicht ist es aber auch nur ein Ton im Himmel, den keiner kennt ...

Ein leeren Schneckenhaus liegt an der Mauer ... Regen hat etwas Erde in seine Öffnung gespült. Auch ein paar Pflanzensamen werden dabeisein. Möglich, dass nächsten Frühling aus dem Schneckenhaus ein Veilchen wächst!

Ein Stück den Hügel hinauf beginnt der Wald. Fast alle Bäume sind kahl. Nur noch die Fichten und Kiefern haben ihr Grün behalten – und der Efeu, der manche Stämme hochklettert ...

Ein Eichhörnchen springt über den Waldboden. Vielleicht sucht es nach Haselnüssen, Bucheckern und Eicheln ... Vielleicht bewegt es sich nur, um wärmer zu werden ... Da springt ein zweites Eichhörnchen heran, und sie jagen sich den Stamm einer Eiche hoch ... In der Krone hoch oben werden sie still ...

Vielleicht schauen sie nach den Gipfeln ferner Berge, wo Schnee liegt ... Vielleicht lassen sie sich die Sonne auf den Pelz scheinen und träumen ein wenig ...

Seit ein paar Tagen ist es im Wald viel lebendiger als sonst. Ein großer Schwarm Bergfinken ist herbeigeflogen. Im Wald haben sie sich ihre Schlafbäume genommen ... Noch suchen sie in kleinen Gruppen überall in der Gegend nach Nahrung, nach Nüssen und Beeren ... Abends werden sie alle zusammenkommen und der ganze Wald wird vom Rauschen der Flügel erfüllt ...

Über dem Wald ziehen weiße Wolken. Sie treiben alle in dieselbe Richtung, mit dem Wind, der hier im Wald kaum zu spüren ist ...

Aus einer der Wolken müssen ein paar Schneeflocken gefallen sein, denn hier und da tanzt es nun weiß durch den Wald ... Vom Wipfel, in dem die Eichhörnchen immer noch träumen, tanzen ein paar Flöckchen bis hinunter auf den Waldboden ... Hier und da blitzt in einer Schneeflocke das Licht ...

Eine Schar Bergfinken ist schon aus der Umgebung zurückgekehrt ... Die Vögel huschen durch Büsche und Bäume ... Vielleicht spüren sie die Ruhe und Kraft des Waldes ... Vielleicht haben sie etwas von der Ruhe und Kraft der Sonne mitgebracht ...

Die Schneeflocken sind auf dem Waldboden zur Ruhe gekommen ... Kann sein, sie träumen ... In ihnen glänzt noch immer das Licht ...

Und nun kommt die Traumreise langsam zum Ende, und du kehrst zurück in den Raum ... Du spürst wieder den Raum um dich und hörst seine Geräusche ... Die Ruhe ist weiter in dir. Und die Kraft. Du spürst vielleicht, wie die Ruhe und die Kraft in dir stärker geworden sind ... Die Augen können sich wieder öffnen ... Atme tief durch! Reck dich und streck dich ...

## Das Herz in den Eisblumen

Mach es dir ganz bequem ... Während du dich noch räkelst, kannst du schon beginnen, angenehm ruhiger zu werden ... Deine Augen können noch offen bleiben und auch zu ruhen beginnen – oder sie können sich schließen und die angenehme Ruhe spüren ... Du hörst vielleicht noch Geräusche um dich, im Raum ... oder von draußen ... Und irgendwann können die Geräusche und jede Bewegung ganz gleichgültig werden ... Und du spürst vielleicht schon, wie gut es sich anfühlt, einfach so da zu sein und eine Traumreise zu erleben ...

Am Haus liegt der Garten mit der Wiese ... Obwohl es in der Nacht gefroren hat, stehen ein paar Gänseblümchen im kurzen, fahlen Gras ... Der Apfelbaum ist fast kahl ... Zwischen den letzten gelben Blättern kann man, wenn man ganz genau hinschaut, ein Vogelnest erkennen ... Auf dem Boden liegt Laub ... Und ein vergessener Apfel ...

Im Baum pfeift ein Vogel. Es sind nur kurze Töne, mit viel Stille dazwischen. Die Töne sind schön. Und die Stille ist schön. Sie macht den Garten weit und licht. Da ist viel Raum für die Pfiffe des Vogels ... Und da ist Raum für die Stille ...

In der Stille kann man Dinge hören, die man sonst nie hört ... Vielleicht spürst du in der Stille die Ruhe in dir ... Die Ruhe ist immer da, auch wenn es laut ist, sie ist dann tief unter dem Lauten und wartet ... Die Ruhe ist schön ... Sie macht alles klar und weit ...

An das Gartenhäuschen ist ein Rechen gelehnt. Die Zinken stecken in einem Haufen Laub. Ob den die Katze zusammengerecht hat, die sich gerade unter dem Zaun vom Nachbarn durchdrückt? Oder einer der Gartenzwerge? Oder jemand aus dem Haus? Eines der Kinder vielleicht? ...

Ein Windstoß geht über den Laubhaufen. Ein Blatt wirbelt ein Stück mit und bleibt dann wieder liegen. Da wartet es nun abseits im Gras ...

Am Gartenhaus liegen ein paar Kürbisse. Ein paar ganz große sind dabei. Vielleicht spürst du, wie schwer sie sind, ganz anders als das leichte Laub, das jeder Windstoß aufwirbeln kann ... Vielleicht spürst du die Schwere der großen Kürbisse ...

Aus einem der Kürbisse ist ein Gesicht geschnitzt. Durch die Zähne scheint das Licht ... Wenn du den Deckel abnimmst, siehst du ein niedergebranntes Teelicht ...

Vom Gartenhaus sind Trittsteine bis zum Haus gesetzt. Die Abstände zwischen den Platten sind gerade weit genug für einen Schritt. Aber für einen Menschenschritt. Die Katze geht neben den Trittsteinen im Gras.

Nun bleibt die Katze stehen. Ob sie etwas Besonderes riecht? Da ist der Duft des Grases, viel schwächer als er im Sommer noch war ... Da ist der Duft der Erde im Rosenbeet ... Und tatsächlich, da blüht auch noch eine Rose! ... Die Katze hat aber vielleicht eine Maus gerochen, die irgendwo am Haus ihr Loch hat ...

An der Scheibe des Kellerfensters wachsen Eisblumen. Das sind keine richtigen Blumen, sondern Reif, den der Frost in der Nacht ans Fenster gesetzt hat ... Jemand hat versucht, ein Herz in den Reif zu ritzen ...

Gerade kommt die Sonne zwischen den Wolken durch. Wie die Sonnenstrahlen den Reif am Fenster verzaubern! ... Das Herz scheint fast ein bisschen zu leuchten. Obwohl es aus Eis ist, scheint es zu glühen. Spürst du die Wärme des Herzens? Spürst du die Wärme in dir? ...

Du spürst die Ruhe in dir ... Du spürst die Schwere in dir ... und die Wärme – und eine Leichtigkeit, die dich trägt ... Dein Atem geht ein und aus, ganz ruhig und gleichmäßig, ganz von allein ...

Du fühlst die Ruhe und die Kraft tief in dir wachsen ...

Und nun kommt die Traumreise langsam zum Ende, und du kehrst zurück in den Raum ... Du spürst wieder den Raum um dich und hörst seine Geräusche ... Die Ruhe ist weiter in dir. Und die Kraft. Du spürst vielleicht, wie die Ruhe und die Kraft in dir stärker geworden sind ... Die Augen können sich wieder öffnen ... Atme tief durch! Reck dich und streck dich ...

## Der Hase auf dem Acker

Mach es dir ganz bequem ... Während du dich noch räkelst, kannst du schon beginnen, angenehm ruhiger zu werden ... Deine Augen können noch offen bleiben und auch zu ruhen beginnen – oder sie können sich schließen und die angenehme Ruhe spüren ... Du hörst vielleicht noch Geräusche um dich, im Raum ... oder von draußen ... Und irgendwann können die Geräusche und jede Bewegung ganz gleichgültig werden ... Und du spürst vielleicht schon, wie gut es sich anfühlt, einfach so da zu sein und eine Traumreise zu erleben ...

Ein Hase hoppelt über den kahlen Acker. Der Boden ist fest, es hat gefroren in der Nacht. Eine tiefe Ruhe liegt über dem Land. Nur die kleinen Geräusche der Läufe des Hasen ... Nur eine Krähe, die jenseits des Ackers auf einem kahlen Baum hockt und krächzt ... Die Ruhe macht das Land weit ...

Der Hase hoppelt ein Stück weiter ... Das ist über die schweren Ackerschollen, die der Pflug gerissen hat, gar nicht so einfach ...

Im Baum neben der Krähe hängt ein Kinderdrachen. Der hat sich im Herbst beim Drachensteigen drin verfangen ... Seitdem hängt der Drachen im großen Baum ...

Der Hase macht auf seiner Wanderung immer wieder eine kleine Pause, dann hockt er sich nieder und äugt umher ... Er ist von den braunen Ackerschollen kaum zu unterscheiden ...

Eigentlich ist es kalt, der Atem des Hasen bläst weiße Wolken, die in der Luft schnell vergehen ... Dem Hasen ist schön warm, in der Sonne, in seinem dicken Pelz ... Er spürt die Wärme der Sonne in sich ...

Der Hase hat den Acker hinter sich gelassen. Da beginnt nun die Wiese. Die Wiese ist leer. Alle Kühe sind im fernen Stall hinter dem Hügel ... Der Hase knabbert am Gras der Wiese. Dann hoppelt er weiter, zu den Weidenbüschen ...

Die Weiden stehen an einem Wasserlauf. Ein Bächlein murmelt dort zwischen Äckern und Feldern. Hier und da schimmert Eis vom Ufer ein Stück ins Wasser hinein ...

An einer guten Stelle hat der Hase haltgemacht. Er trinkt ein wenig vom Wasser. Wie schnell sich seine Zunge bewegt! ... Das Bächlein kümmert sich nicht darum, es murmelt einfach weiter, hinein in den Tag ...

Ein Stück bachabwärts stehen Schilfrohre ... Der Hase zuckt immer etwas zusammen, wenn der Wind die trockenen Rohre und Blätter aneinanderschlägt ... Eine Meise piept in der großen Weide ...

Der Hase hat sich ein wenig ins fahle Gras gelegt. Seine Augenlider sind geschlossen ... Er atmet ganz ruhig ... Die Ruhe kommt tief aus ihm selbst ... Die Ruhe breitet sich immer weiter in ihm aus ...

Der Hase spürt seine Schwere auf dem leichten Gras bei den Weiden ... Er fühlt sich angenehm schwer ...

Der Hase spürt die Wärme der Sonne in sich ... Die Wärme strömt durch seinen ganzen Leib ...

Der Hase ist ruhig, schwer und warm ... er ist ruhig, schwer und warm ... So liegt er ein Weilchen und spürt die Ruhe und die Kraft tief in sich wachsen ...

Und nun kommt die Traumreise langsam zum Ende, und du kehrst zurück in den Raum ... Du spürst wieder den Raum um dich und hörst seine Geräusche ... Die Ruhe ist weiter in dir. Und die Kraft. Du spürst vielleicht, wie die Ruhe und die Kraft in dir stärker geworden sind ... Die Augen können sich wieder öffnen ... Atme tief durch! Reck dich und streck dich ...

# Flug der Taube

Mach es dir ganz bequem ... Während du dich noch räkelst, kannst du schon beginnen, angenehm ruhiger zu werden ... Deine Augen können noch offen bleiben und auch zu ruhen beginnen – oder sie können sich schließen und die angenehme Ruhe spüren ... Du hörst vielleicht noch Geräusche um dich, im Raum ... oder von draußen ... Und irgendwann können die Geräusche und jede Bewegung ganz gleichgültig werden ... Und du spürst vielleicht schon, wie gut es sich anfühlt, einfach so da zu sein und eine Traumreise zu erleben ...

Die Tauben wohnen im Taubenhaus. Das Taubenhaus steht in einem kleinen Park der Stadt. Drinnen ist es warm und gemütlich. Die Tauben gurren im Dämmerlicht ihres Hauses ...

Nur eine einzige Taube möchte noch ein bisschen mit den Flügeln schlagen und schlüpft durch ein Einflugsloch. Da sitzt sie nun, ruckt ein wenig hin und her und blinzelt in das Licht der Sonne ...

Das Licht der Sonne ist schön ... Die Taube breitet ihre Flügel aus und wirft sich hinein in dieses Licht und den Himmel ... Sie fliegt über die Bäume des Parks ...

Die letzten Blätter der Bäume sind braun. Nur eine Tanne ist grün geblieben ... Die Taube schwingt sich durch eine Straßenschlucht ...

Überall Lichter und grüne Zweige von Tannen ... Schön sieht das aus ... Das Licht und die Zweige machen die Straßen ruhig ...

Hier und da steht ein Weihnachtsbaum, mit silbernen Bändern und Lichterschmuck ... In einen Baum sind Strohsterne gesteckt ... In einem anderen hängen Glöckchen und Kugeln aus Glas ...

Von irgendwoher weht ein Duft von gebrannten Mandeln, dorthin ist die Taube unterwegs. Über die Köpfe von Menschen fliegt sie weg ... Ein Kind schafft es fast, sie zu berühren ...

Durch eine weitere Straße geht der Flug der Taube, zwischen Geschäften, aus denen Schaufensterpuppen in die Welt hinaus starren ... Der Flug der Taube findet zwischen Häusern den Weg ...

Die Taube ist gelandet. Nun steht sie hinter einem Stand des Weihnachtsmarkts und schaut in das Gedränge der Menschen ... Ihr Blick geht über die Stände ... Da stehen Lichterbögen und Nussknacker, Kerzen brennen dort, Holzspielzeug wird verkauft ... Von einem Stand dringt der Duft von Glühwein und Würstchen ... Ein anderer Stand zeigt Klangschalen und Windspiele ...

Auf dem Markt ist viel zu hören, da ist Menschengemurmel, da sind einzelne Töne von Glöckchen und Klangstäben, und ja, da ist auch das Piepsen von Spatzen ...

Die Taube fliegt weiter, fliegt über die Lichter ... Am größten Weihnachtsbaum auf dem Marktplatz zieht sie einen Bogen und verschwindet im Dämmern ...

Silberfäden sind von irgendwo losgerissen und treiben nun in einem Windstoß davon ... Ein Nussknacker schaut in das Gedränge der Menschen ... Das Kerzenlicht ist gerade ganz still ... Und nun flackert es – um bald wieder still zu werden ...

Es ist die Stille des Himmels, die auch in dir ist ... Manchmal zeigt sie sich, manchmal zeigt sie sich nicht, aber sie ist immer da ... Und in der Ruhe kannst du vielleicht auch die Kraft spüren, im Flug der Taube, und die Ruhe in dieser Kraft ... Und du kannst spüren, wie die Ruhe und die Kraft in dir größer werden ...

Und nun kommt die Traumreise langsam zum Ende, und du kehrst zurück in den Raum ... Du spürst wieder den Raum um dich und hörst seine Geräusche ... Die Ruhe ist weiter in dir. Und die Kraft. Du spürst vielleicht, wie die Ruhe und die Kraft in dir stärker geworden sind ... Die Augen können sich wieder öffnen ... Atme tief durch! Reck dich und streck dich ...

## Der Fichtenzweig

Mach es dir ganz bequem ... Während du dich noch räkelst, kannst du schon beginnen, angenehm ruhiger zu werden ... Deine Augen können noch offen bleiben und auch zu ruhen beginnen – oder sie können sich schließen und die angenehme Ruhe spüren ... Du hörst vielleicht noch Geräusche um dich, im Raum ... oder von draußen ... Und irgendwann können die Geräusche und jede Bewegung ganz gleichgültig werden ... Und du spürst vielleicht schon, wie gut es sich anfühlt, einfach so da zu sein und eine Traumreise zu erleben ...

Stell dir einen Fichtenwald vor. Die Nadeln der Bäume sind leicht überschnien. Die Sonne zaubert kleine Glitzerlichter in den Schnee ...

Vor ein paar Tagen waren Holzfäller hier und haben einige Bäume gefällt. Die Stämme wurden mit Traktoren aus dem Wald gezogen. Ein Holztransporter lud sie auf und fuhr sie aus dem Wald in das Sägewerk.

Nur noch ein paar Zweige sind liegengeblieben, im Schnee ...

Der Glanz des Schnees in den Fichtenzweigen am Boden ... Vielleicht kannst du das Harz riechen oder den Duft von Nadeln und Holz ... In einer stehengebliebenen Fichte pfeift ein Vogel ... Seine Pfiffe machen den Wald tief ... Von irgendwoher aus der Ferne antwortet ein anderer Vogel ... Die Pfiffe der Vögel hallen in der weiten Ruhe des Waldes ...

Auf dem Waldweg nähern sich Stimmen. Ein Mann und eine Frau kommen an den geschlagenen Fichtenzweigen vorbei ... Sie bleiben stehen und ziehen sich ihre Handschuhe aus. Mit einer kleinen Säge und einer Schere schneiden sie sich ein paar Fichtenzweige zurecht ... Den Schnee schütteln sie ab ... Er fällt auf den Waldboden ...

Der Mann und die Frau gehen durch den Winterwald langsam nach Hause ... Die Fichtenzweige nehmen sie mit ...

Daheim die Schuhe ausziehen, den Mantel ausziehen ... Die Hände warmreiben ... Sie legen einen Fichtenzweig auf den Tisch ... Vielleicht kannst du seinen Duft in der Stube riechen ...

Die Frau bringt ein winziges Glöckchen und bimmelt damit. Sie lachen ... Die Frau bindet das Glöckchen in den Zweig ...

Der Mann hat einen Strohstern aus einer Schublade geholt, den legen sie zu den Zweigen ... Und Kerzen stellen sie auf ... Eine Kerze zünden sie an ... Die helle Flamme tanzt im Zimmer über dem Fichtenreis ... Ihr Duft mischt sich mit dem Duft des Zweigs ...

Der Mann und die Frau schauen eine Weile still in den stillen Tanz der Kerzenflamme ... Aber wenn du genau hinhörst, vielleicht ist die Flamme dann gar nicht ganz still, sondern macht ein kleines Geräusch ... das sonst gar nicht zu hören ist ... nur manchmal, zu besonderen Zeiten, wie im Traum vielleicht ... aber nun ganz in der Helligkeit der Flamme ...

Neben dem Mann und der Frau stehen nun auch Kinder und schauen dem Tanz der Flamme zu ... Mal ist die Flamme bewegt, mal fast ganz zur Ruhe gekommen ... mal wild, mal elegant oder ganz bedächtig ... Alle schauen dem Tanz der Flamme zu ... Alle betrachten den Tanz der Flamme und spüren die Ruhe und die Kraft tief in sich wachsen ...

Und nun kommt die Traumreise langsam zum Ende, und du kehrst zurück in den Raum ... Du spürst wieder den Raum um dich und hörst seine Geräusche ... Die Ruhe ist weiter in dir. Und die Kraft. Du spürst vielleicht, wie die Ruhe und die Kraft in dir stärker geworden sind ... Die Augen können sich wieder öffnen ... Atme tief durch! Reck dich und streck dich ...

## Der Bär in der Höhle

Mach es dir ganz bequem ... Während du dich noch räkelst, kannst du schon beginnen, angenehm ruhiger zu werden ... Deine Augen können noch offen bleiben und auch zu ruhen beginnen – oder sie können sich schließen und die angenehme Ruhe spüren ... Du hörst vielleicht noch Geräusche um dich, im Raum ... oder von draußen ... Und irgendwann können die Geräusche und jede Bewegung ganz gleichgültig werden ... Und du spürst vielleicht schon, wie gut es sich anfühlt, einfach so da zu sein und eine Traumreise zu erleben ...

Im Gebirge liegt Schnee. Die Gipfel sind schneebedeckt. Schnee liegt auch auf den Rücken und Flanken der Berge. Schnee drückt die Zweige der Fichten und Kiefern nieder. Ab und zu schüttelt sich ein Baum und Schnee fällt vom Zweig hinab in den Schnee ...

Hier und da sind im Schnee die Spuren von Tieren zu sehen. Die müssen nun weiterwandern und scharren, um an das Gras zu kommen ...

Hier und da klingt der Pfiff eines Vogels. Die Stille des Schnees wird fast noch größer durch die kleinen Geräusche der Vögel ... Oder durch die Geräusche eines Eichhörnchens, das über den Schnee springt und an einem Baumstamm hochklettert ...

Hoch am Himmel zieht ein Adler seine Kreise. Den hört niemand, nur vielleicht dort oben der Wind ... Oder die schönen, weißen Wolken, die langsam über die Berge ziehen ... Die Bewegung der Wolken ist schwer zu sehen, weil sie so langsam ist. Aber nichts und niemand kann sie aufhalten ... Die Ruhe in ihrer Bewegung ist groß ...

Sind die Wolken schwer, weil sie so viel Regen oder Schnee enthalten und manchmal fallen lassen? ... Oder sind sie leicht, weil sie doch im Himmel schweben? ...

Gerade haben ein paar Schneeflocken zu fallen begonnen ... Leicht tanzen sie durch den Himmel ... In ihren Kristallen blitzt die Sonne ...

Die Schneeflocken sind an der Flanke eines Berges liegengeblieben, liegengeblieben auf dem früher gefallenen Schnee. Da blitzen sie nun in der Sonne ...

Unter dem Schnee liegt der Eingang einer Höhle. In der Höhle liegt ein Bär und hält seinen Winterschlaf ... Vielleicht träumt er ...

In der Höhle ist es schön warm ... Der Bär hat es warm in seinem dicken Pelz und im Schutz seiner Höhle ... Er hat die Augen geschlossen ... Sein Atem geht ruhig und langsam ...

Vielleicht träumt er vom Winter draußen, vom Wind, von der Sonne, von den blitzenden Schneeflocken ... Vielleicht träumt er schon vom Erwachen des Frühlings ...

So kannst auch du ein wenig träumen ...

Du spürst die Ruhe in dir ... Du spürst die Schwere in dir ... und die Wärme – und eine Leichtigkeit, die dich trägt ... Dein Atem geht ein und aus, ganz ruhig und gleichmäßig, ganz von allein ...

Du fühlst die Ruhe und die Kraft tief in dir wachsen ...

Und nun kommt die Traumreise langsam zum Ende, und du kehrst zurück in den Raum ... Du spürst wieder den Raum um dich und hörst seine Geräusche ... Die Ruhe ist weiter in dir. Und die Kraft. Du spürst vielleicht, wie die Ruhe und die Kraft in dir stärker geworden sind ... Die Augen können sich wieder öffnen ... Atme tief durch! Reck dich und streck dich ...

## Das Glitzern

Mach es dir ganz bequem ... Während du dich noch räkelst, kannst du schon beginnen, angenehm ruhiger zu werden ... Deine Augen können noch offen bleiben und auch zu ruhen beginnen – oder sie können sich schließen und die angenehme Ruhe spüren ... Du hörst vielleicht noch Geräusche um dich, im Raum ... oder von draußen ... Und irgendwann können die Geräusche und jede Bewegung ganz gleichgültig werden ... Und du spürst vielleicht schon, wie gut es sich anfühlt, einfach so da zu sein und eine Traumreise zu erleben ...

In der Nacht hat es geschneit. Nun steigt die Sonne aus dem Weiß, und du gehst den Weg durch das Glitzern ...

Im schwarzen Geäst eines Baums pfeift ein Vogel zwei, drei Male ... Sonst ist es still ... Vielleicht hörst du sogar deinen eigenen Atem gehen. Er geht ein und aus, ein und aus, ganz ruhig und gleichmäßig, ganz von allein ... Die Luft ist klar geworden in dieser Ruhe ...

Die Wolken am Himmel sind weiß wie der Schnee ... Sie ziehen ganz langsam ... Die Wolken müssen schwer sein, so groß wie sie sind und so viel Schnee aus ihnen gefallen ist ... Aber sie ziehen ganz leicht durch den Himmel ...

Vielleicht spürst du die Wärme der Sonne auf deinem Gesicht ... Vielleicht spürst du die Wärme in deinem Körper ... wie sie durch dich strömt und dich angenehm warm macht ...

Schritt für Schritt gehst du durch den frisch gefallenen Schnee ... An einer schönen Stelle bleibst du stehen und beugst dich nieder zum Glitzern im Schnee ... Du versuchst, das Glitzern zu berühren ... Aber gerade dort, wohin du deine Hände bewegst, erlischt das Glitzern in deinem Schatten ...

Du versuchst es noch einmal, aber sobald du näher kommst, fällt dein Schatten auf den Schnee und das Glitzern hört auf ... Rundum glitzert der Schnee ... Tausend winzige Sonnen funkeln ... Nur dort, wo du das Glitzern fassen möchtest, erlischt es ...

Du versuchst, die Hände so zu halten, dass kein Schatten auf das Glitzern fällt ... Schon kannst du den Schnee berühren ... aber er schmilzt unter deiner Berührung – und das Glitzern ist fort ...

Ringsum das Glitzern im Schnee ... nur dort, wo du das Glitzern berühren willst, immer gerade dort hört es auf ...

Du schließt deine Augen ... Wenn du achtgibst, kannst du das Glitzern des Schnees in dir selbst sehen ... Draußen erlischt es, sobald du es zu greifen versuchst – aber du hast es in dich selbst hineingenommen ...

Weiter gehst du deinen Weg durch den Neuschnee ... Ringsum die winzigen Sonnen ... In einer Hecke zwitschert munter eine Spatzenschar ... Als du kommst, verstummen die Vöglein und du kannst deine Schritte im Schnee hören ... Und hier und da die Flügelschläge der Spatzen ... Kaum bist du ein Stückchen vorbei, zwitschern sie weiter ... Lange noch hörst du ihr Zwitschern, während du deinen Weg durch den Schnee gehst ...

Vielleicht spürst du die Ruhe um dich ... Die Ruhe ist auch in dir ... Vielleicht spürst du schon die Ruhe und die Kraft tief in dir wachsen ...

Und nun kommt die Traumreise langsam zum Ende, und du kehrst zurück in den Raum ... Du spürst wieder den Raum um dich und hörst seine Geräusche ... Die Ruhe ist weiter in dir. Und die Kraft. Du spürst vielleicht, wie die Ruhe und die Kraft in dir stärker geworden sind ... Die Augen können sich wieder öffnen ... Atme tief durch! Reck dich und streck dich ...

# Sonnenlauf über dem Winterland

Mach es dir ganz bequem ... Während du dich noch räkelst, kannst du schon beginnen, angenehm ruhiger zu werden ... Deine Augen können noch offen bleiben und auch zu ruhen beginnen – oder sie können sich schließen und die angenehme Ruhe spüren ... Du hörst vielleicht noch Geräusche um dich, im Raum ... oder von draußen ... Und irgendwann können die Geräusche und jede Bewegung ganz gleichgültig werden ... Und du spürst vielleicht schon, wie gut es sich anfühlt, einfach so da zu sein und eine Traumreise zu erleben ...

Jeden Morgen geht die Sonne am Horizont auf. Erst ist da nur ein roter Funke – dann schiebt sich nach und nach die ganze Sonnenscheibe hoch. Die Bäume vor ihrem Rund scheinen zu glühen ...

Die runde Scheibe der Sonne verbreitet eine tiefe Ruhe – ganz gleich wie laut und unruhig es auch irgendwo sein mag ... Wenn einer zur Sonne am Horizont schaut, kann er spüren, wie die Ruhe der Sonne auch in ihm selbst ist ... Und seine Ruhe kann wachsen, an der Ruhe der Sonne ...

Langsam steigt die Sonnenscheibe am Himmel höher und wird immer noch heller dabei ... Überall im Land ist sie zu sehen ...

In der großen Stadt schaut vielleicht gerade jemand durch ein Fenster und sieht die Sonne hinter Hochhäusern erscheinen, ganz ruhig ...

Auf dem Feld hat sie sich schon über den Stoppeln des gemähten Getreides erhoben und über den Furchen der leeren Äcker ... Vielleicht schaut ein Hase aus dem Schnee eine Weile in das helle Licht ...

Im Fluss erhellt die Sonne immer mehr das langsame Strömen des Wassers ... Vielleicht schaut ein Fisch aus dem Wasser hoch in das Schimmern ...

Im Wald beginnt der Schnee auf den Zweigen der Tannen zu glitzern ... Das Licht der Sonne hat winzige Lichter auf der Erde entzündet, im kalten Schnee ...

Vielleicht schaut ein Eichhörnchen im Geäst einer Eiche eine Weile zur Sonne hin und lässt sich den Pelz wärmen ... Vielleicht spürt es, wie die Wärme der Sonne auch durch seinen eigenen Leib strömt ...

Der Waldsee ist zugefroren ... Sein Eis schimmert ein wenig in der steigenden Sonne ... Unter dem Eis liegt eine Schildkröte in ihrer Winterstarre ... Sie hat die Augen geschlossen und träumt vielleicht von der Sonne ... die immer wärmer und heller wird ...

Wenn die Sonne im Mittag steht, scheint sie so hell, dass es weh täte, in sie hineinzusehen, auch im Winter ... Sie scheint auf alles im Land ...

Auch auf die Siedlung, wo an der Bushaltestelle Kinder stehen ... Ein Junge stampft mit den Füßen auf, um sie warm zu machen ... Andere werfen mit Schneebällen ... Ihr weißer Atem zergeht im Himmel ...

Wenn die Sonne sinkt, werden die Schatten der Pappeln am Bach länger ... Im Schatten wird der Schnee dunkler ... In den Bäumen piept ein einzelner Vogel ...

Je tiefer die Sonne sinkt, umso mehr nehmen die Schatten von der Welt ein ... Ob Schnee, ob Baum, ob Haus, ob Wiese: Die Schatten wachsen ...

Auf ihrem Gang im Schnee der Wiese läuft noch eine Maus den Weg in ihre Kammer unter der Erde, in der es warm ist, wo schon die anderen warten ...

Die Sonne berührt nun wieder den Horizont. Die schwarzen Bäume vor ihrer Scheibe scheinen zu glühen ... Und sie sinkt tiefer. Immer weiter sinkt die Sonne hinter den Rand der Erde ... Jetzt ist nur noch ein Funke da – und jetzt erlischt auch er und da ist nur noch das rote Glühen des Horizonts ...

Die Dämmerung wird stärker ... Die Tiere suchen ihre Nester und Lager auf, die Kinder gehen nach Hause ... Die Ruhe der Sonne ist immer noch da – und ihre Kraft ... Auch wenn sie gar nicht zu sehen ist, können die Ruhe und die Kraft weiter wachsen ... Vielleicht spürst du schon etwas von der Ruhe und der Kraft auch in dir ... Vielleicht spürst du schon, wie die Ruhe und die Kraft tief in dir wachsen ...

Und nun kommt die Traumreise langsam zum Ende, und du kehrst zurück in den Raum ... Du spürst wieder den Raum um dich und hörst seine Geräusche ... Die Ruhe ist weiter in dir. Und die Kraft. Du spürst vielleicht, wie die Ruhe und die Kraft in dir stärker geworden sind ... Die Augen können sich wieder öffnen ... Atme tief durch! Reck dich und streck dich ...

## Im Winter daheim

Mach es dir ganz bequem ... Während du dich noch räkelst, kannst du schon beginnen, angenehm ruhiger zu werden ... Deine Augen können noch offen bleiben und auch zu ruhen beginnen – oder sie können sich schließen und die angenehme Ruhe spüren ... Du hörst vielleicht noch

Geräusche um dich, im Raum ... oder von draußen ... Und irgendwann können die Geräusche und jede Bewegung ganz gleichgültig werden ... Und du spürst vielleicht schon, wie gut es sich anfühlt, einfach so da zu sein und eine Traumreise zu erleben ...

Der Nussknacker hat den Mund sperrangelweit auf. Die Nüsse aber liegen in einer Schale, er hat gar nichts zu tun. Vielleicht schaut er auf den Kalender an der Wand gegenüber, auf dem ein Schlitten zu sehen ist. Rentiere sind vor ihm angespannt. Auf dem Schlitten liegen viele Pakete ...

Neben dem Nussknacker steht ein Lichterbogen. Sein ruhiges Licht erhellt das Zimmer. Vor dem Fenster tanzen ein paar Schneeflocken. Es ist dunstig dort. Die Sonne kommt kaum durch den Dunst ...

Im Zimmer ist es gemütlich. Der Duft von geschälten Orangen schwebt noch im Raum. Und dieses andere, ist das nicht der Duft von Zimtsternen? ...

In der Küche liegen noch Ausstecher, denn die Kinder haben mit der Mutter zusammen Plätzchen gebacken. Die Plätzchen füllen nun drei Teller auf dem Schrank ...

Die Kinder haben auch Sterne aus Papier gebastelt. Die hängen nun an Fäden von der Decke und schaukeln leicht hin und her ... Einfach nur hin und her in der Wärme des Zimmers ... Nur eine leichte Bewegung in der Zugluft, wenn jemand durch das Zimmer geht ...

Von irgendwoher klingen Flötentöne. Und jemand singt. Vielleicht sind das Weihnachtslieder, vielleicht ist es einfach nur schöne Musik ...

Die Kinder sitzen am Fenster und schauen zwischen Strohsternen in den Garten hinaus. Auch dort fallen ein paar Schneeflocken ... Die Bewegung der Flocken sieht schön aus, es ist ein Schneeflockentanz ...

Im kahlen Apfelbaum versammeln sich Vögel. Gimpel sind es, die nennt man auch Dompfaffen. Ihre Bäuche sind rot. Hier und da zupfen sie an den Zweigen ...

Die Kinder beobachten die Gimpel. Denn die sind selten hier. Am Vogelhäuschen unter dem Apfelbaum holen sie sich etwas zu futtern. Und einer hängt an dem Meisenknödel, den die Kinder am Baum aufgehängt haben ...

Am Vogelhäuschen sind auch noch andere Vögel. Die Spatzen haben die Kinder am liebsten, sie sind so lebendig und frech. Oder die Finken, die sehen so schön aus ... Aber auch die Amseln sind schön in ihrem schwarzen Gefieder und mit den orangefarbenen Schnäbeln. Und sie singen im Frühling so schön ... Jetzt sind sie stumm und picken unter dem Vogelhäuschen nach heruntergefallenen Samen ...

Die Sonne ist durchgekommen, nun liegt der Garten im Licht ... Der leise fallende Schnee blitzt ... Die Gimpel sind dicht an dicht auf dem Baum gesessen. Aber warum auch immer, nun fliegen sie weg ... Ein paar Schneeflocken fallen immer noch, obwohl die Sonne doch scheint ...

Im Zimmer tanzen nur ein paar Staubflocken ... Es ist schön warm ... Der Duft von Tannenreis und Plätzchen ist immer noch da ... Mal nimmt man ihn wahr, dann wieder nicht ... Die Ruhe und die Kraft, hier können sie wachsen ... beim Nussknacker ... beim Lichterbogen ... bei den Papiersternen ... und bei den Kindern genauso ... Vielleicht spürst du schon etwas davon in dir ... Vielleicht spürst du schon die Ruhe und die Kraft tief in dir wachsen ...

Und nun kommt die Traumreise langsam zum Ende, und du kehrst zurück in den Raum ... Du spürst wieder den Raum um dich und hörst seine Geräusche ... Die Ruhe ist weiter in dir. Und die Kraft. Du spürst vielleicht, wie die Ruhe und die Kraft in dir stärker geworden sind ... Die Augen können sich wieder öffnen ... Atme tief durch! Reck dich und streck dich ...

## Burgruine im Schnee

Mach es dir ganz bequem ... Während du dich noch räkelst, kannst du schon beginnen, angenehm ruhiger zu werden ... Deine Augen können noch offen bleiben und auch zu ruhen beginnen – oder sie können sich schließen und die angenehme Ruhe spüren ... Du hörst vielleicht noch Geräusche um dich, im Raum ... oder von draußen ... Und irgendwann können die Geräusche und jede Bewegung ganz gleichgültig werden ... Und du spürst vielleicht schon, wie gut es sich anfühlt, einfach so da zu sein und eine Traumreise zu erleben ...

Vielleicht kannst du dir vorstellen, wie unter den Schritten Schnee knirscht ... Das ist ein ganz leises Geräusch. Im Verkehrslärm würde es kaum auffallen. Aber im Wald kannst du es vielleicht sogar deutlich hören, das Geräusch deiner Schritte zwischen den Bäumen im Schnee ...

Stell dir den Wald vor – und einen Weg im Wald, den du gehst, im Schnee ... Vielleicht gehst du in Spuren von anderen Schritten ... Spuren von Menschen, Spuren von Rehen, auch die Spuren eines Hasen und eines Fuchses könnten dabeisein ...

Neben dem Weg stehen kahle Büsche. Hier und da mag noch ein braunes Blatt an einem Zweig hängen ... Aber die meisten Blätter sind abgefallen. Sie liegen nun unter dem Schnee und träumen ...

Was unter dem Schnee noch alles liegen mag? ... Da sind Eicheln und Bucheckern von den großen Bäumen ... und Steine natürlich ... und Walderde ... Die duftet jetzt unter dem Schnee ... Bruchholz mag da liegen ... Und anderes, das dir einfällt ... Vielleicht ein verlorener Schlüssel ...

Zwischen den kahlen Zweigen vor dir tauchen Ruinen auf. Es sind die Gemäuer einer alten Burg. Langsam gehst du näher ...

Durch einen Torbogen betrittst du den Platz. Eine Krähe fliegt von der Mauer auf und schwingt sich in den Himmel ... Die schweren Flügelschläge der Krähe ... Die Leichtigkeit, mit der sie sich durch den Himmel bewegt ... Vielleicht krächzt sie ... Wenn Vogelstimmen eine Farbe haben könnten, was meinst du, wäre die Farbe des Krähenkrächzens? ...

In einer Hecke an der Burgmauer zwitschern Spatzen ... Was für eine Farbe, glaubst du, könnte ihr Zwitschern haben? ...

Und dort, der lange Schrei eines Bussards, der hoch über dem Wald kreist ... Was für eine Farbe könnte wohl dieser helle, hohe Schrei haben? ...

Der Ziehbrunnen ist halb eingestürzt ... Da haben die Ritter Wasser geholt, haben es in einem Eimer hochgezogen ... Wo der Rittersaal lag, ist nicht mehr zu erkennen ... Ein Turm aber steht noch ...

Du gehst zwischen den Steinen der alten Burg. So sind früher die Ritter und die Damen der Burg gegangen. Und haben auf das weite Land unter dem Burgberg geschaut ... Und haben geträumt ...

So kannst auch du auf das weite Land schauen ... und auf die ziehenden Wolken ... und etwas träumen ... Vielleicht spürst du schon, wie dabei die Ruhe in dir wächst – und die Kraft. Vielleicht spürst du schon, wie die Ruhe und die Kraft in dir größer werden ...

Und nun kommt die Traumreise langsam zum Ende, und du kehrst zurück in den Raum ... Du spürst wieder den Raum um dich und hörst seine Geräusche ... Die Ruhe ist weiter in dir. Und die Kraft. Du spürst vielleicht, wie die Ruhe und die Kraft in dir stärker geworden sind ... Die Augen können sich wieder öffnen ... Atme tief durch! Reck dich und streck dich ...

## Der Schlitten

Mach es dir ganz bequem ... Während du dich noch räkelst, kannst du schon beginnen, angenehm ruhiger zu werden ... Deine Augen können noch offen bleiben und auch zu ruhen beginnen – oder sie können sich schließen und die angenehme Ruhe spüren ... Du hörst vielleicht noch Geräusche um dich, im Raum ... oder von draußen ... Und irgendwann können die Geräusche und jede Bewegung ganz gleichgültig werden ... Und du spürst vielleicht schon, wie gut es sich anfühlt, einfach so da zu sein und eine Traumreise zu erleben ...

Im Garten liegt Schnee ... Schnee liegt auf dem Gras und auf den Zweigen der Bäume ... Die Hecken sind weiß ... Das Gartenhäuschen ist weiß ... Der Teich ist zugefroren und das Eis mit einer weißen Schneeschicht bedeckt ...

Die Kinder haben einen Schneemann gebaut: Ein paar Kugeln aus Schnee gerollt, aufeinandergesetzt, ein alter Hut, aus Kastanien gesteckt Augen und Mund und die Knöpfe des weißen Fracks, eine Mohrrübe ist die Nase ... Nun laufen die Kinder in die Garage, ob sie noch einen Besen für ihren Schneemann finden ...

Was es in der Garage nicht alles gibt! Alte Schränke ... Modellflugzeuge ... die Tischtennisplatte, zusammengeklappt ... der Drachen, der noch im Herbst über die Felder flog ... tatsächlich ein paar Besen, aber alle zu klein ... Fahrräder ... Schi – und dort: der Schlitten! ...

Die Kinder haben Schneemann und Besen vergessen und zerren den Schlitten aus dem Gerümpel ... Schließlich steht er im Schnee ... Die Kinder schauen sich an ...

Die Kinder sind mit dem Schlitten unterwegs ... Leon hat die Schnur gepackt und zieht, Sarah läuft neben ihm ... Das Geräusch ihrer Schritte im Schnee ... Und das Geräusch des Schlittens ...

Wenn seine Kufen auf kleine Steinchen treffen, die in den Schnee gestreut sind, dann hören die Kinder das gleich ... Wenn sie ihre Richtung ändern, dann ändert sich auch kurz das Geräusch des Schlittens im Schnee ...

Sie kommen an verschneiten Gartenzäunen vorbei ... Da sitzt eine Amsel im Baum, rund aufgeplustert ... Sarah schlägt ihre Hände mit den Handschuhen zusammen ... Ihr ist schön warm ... Aus Kaminen steigt Rauch ...

Leon versucht, in einer Spur vor ihm zu gehen. Aber die Stiefelabdrücke sind weit auseinander. Schließlich geht er wieder im eigenen

Schritt, das ist leichter ... Bald sind sie aus der Siedlung heraus ...

Oben am Hang reicht die Wiese bis an den Wald. Alles ist weiß – nur die Stämme der Bäume sind dunkel ... Die Kinder sind stehengeblieben und schauen über das verschneite Land ...

Hier und da laufen Spuren ins Weite ... Spuren von Hasen, Spuren von Rehen ... Auch eine Schispur ist da ...

In manchen Schneekristallen blitzt Licht ... Die eine Sonne bricht sich in so vielen Flocken von Schnee – und überall ein wenig anders ... Sarah und Leon können in manchen der Glitzerflocken Farben entdecken, in anderen nicht ... Und viele Scneeflocken glitzern gar nicht ...

Als Leon sich bewegt, sieht er, dass sich das Glitzern verändert ... Nun glitzern Flocken, die vorher stumm waren, und in anderen, die geglitzert haben, ist die Sonne erloschen ... Manche glitzern immer noch, aber die Farben sind anders ...

Die Kinder stehen und staunen ... Sie spüren die Ruhe und die Kraft, die über dem Land liegt ... Sie spüren die Ruhe und die Kraft auch in sich ... Sie spüren die Ruhe und die Kraft immer noch größer werden ...

Und nun kommt die Traumreise langsam zum Ende, und du kehrst zurück in den Raum ... Du spürst wieder den Raum um dich und hörst seine Geräusche ... Die Ruhe ist weiter in dir. Und die Kraft. Du spürst vielleicht, wie die Ruhe und die Kraft in dir stärker geworden sind ... Die Augen können sich wieder öffnen ... Atme tief durch! Reck dich und streck dich ...

## Eiszapfen tropfen

Mach es dir ganz bequem ... Während du dich noch räkelst, kannst du schon beginnen, angenehm ruhiger zu werden ... Deine Augen können noch offen bleiben und auch zu ruhen beginnen – oder sie können sich schließen und die angenehme Ruhe spüren ... Du hörst vielleicht noch Geräusche um dich, im Raum ... oder von draußen ... Und irgendwann können die Geräusche und jede Bewegung ganz gleichgültig werden ... Und du spürst vielleicht schon, wie gut es sich anfühlt, einfach so da zu sein und eine Traumreise zu erleben ...

Hinter dem Bauernhof steht eine Scheune. Von ihrem Dach hängen Eiszapfen. Die sind in der Nacht gewachsen, als es kalt war. Nun schmelzen sie langsam in den Morgen hinein ... Ob das heißt, dass der Frühling bald kommt? ...

Die Eiszapfen sind von der Morgensonne hell durchschienen ... An ihren Spitzen bilden sich immer wieder Wassertropfen ... und wachsen ...

Hin und wieder löst sich ein Wassertropfen von einem Eiszapfen und plumpst auf die Erde ... Und der nächste Tropfen schwillt an ...

In der Hecke hat sich eine Schar Spatzen versteckt. Vielleicht hörst du ihr munteres Piepsen ... Als die alte Katze des Hofs an der Hecke vorbeigeht, flitzen sie fort. Hinter die Scheune verschwinden sie und haben sicher schon einen neuen Platz gefunden ...

Die Katze war gar nicht zu hören ... Die Spatzen waren laut ... Und die Eiszapfen? Das Geräusch, wenn ein Tropfen auf die Erde fällt? Vielleicht kannst du es hören, wenn du ganz genau lauschst ...

Wenn es still ist und wir ganz genau hinhören, hören wir noch andere Geräusche als sonst ... Obwohl die Geräusche auch sonst immer da sind ... Vielleicht hast du das selbst schon erlebt ...

Auf dem Scheunenboden haben es sich Mäuse gemütlich gemacht ... Sie rascheln im Stroh ... Vom Tropfen der Eiszapfen draußen hören sie nichts ... Ob sie die Schritte der Katze hören? Aber die Katze kommt nicht die Leiter zum Scheunenboden hinauf ...

An der Scheune lehnt ein Schlitten. Seine Kufen sind rostig. Damit sind die Kinder noch vor ein paar Tagen den Hügel hinuntergefahren ...

Wo die Kinder jetzt sind? Vielleicht stehen sie draußen und lauschen auf das Geräusch der tropfenden Eiszapfen ... Vielleicht sind sie in der warmen Stube und betrachten die Sterne im Fichtenzweig oder das Tanzen des Kerzenlichts ... Vielleicht haben sie es sich ganz gemütlich gemacht und lauschen einer Geschichte ...

Am Fenster kleben ausgeschnittene Sterne ... Das Licht der Sonne scheint in die Wärme des Raums ... Alles ist schön ... Die Kinder spüren die Ruhe und die Kraft tief in sich wachsen ... Vielleicht spürst auch du schon die Ruhe und die Kraft in dir ...

Und nun kommt die Traumreise langsam zum Ende, und du kehrst zurück in den Raum ... Du spürst wieder den Raum um dich und hörst seine Geräusche ... Die Ruhe ist weiter in dir. Und die Kraft. Du spürst vielleicht, wie die Ruhe und die Kraft in dir stärker geworden sind ... Die Augen können sich wieder öffnen ... Atme tief durch! Reck dich und streck dich ...

# Silas, der Bär

## Eine neue Heimat

Mach es dir ganz bequem ... Während du dich noch räkelst, kannst du schon beginnen, angenehm ruhiger zu werden ... Deine Augen können noch offen bleiben und auch zu ruhen beginnen – oder sie können sich schließen und die angenehme Ruhe spüren ... Du hörst vielleicht noch Geräusche um dich, im Raum ... oder von draußen ... Und irgendwann können die Geräusche und jede Bewegung ganz gleichgültig werden ... Und du spürst vielleicht schon, wie gut es sich anfühlt, einfach so da zu sein und eine Traumreise zu erleben ...

Im Gebirge liegt eine Höhle verborgen ... Weit geht sie in den Fels hinein, dunkel und kühl. Seit wenigen Tagen ist sie wieder bewohnt: Silas ist hier, Silas, der Bär. Aus den Bergen im Süden wanderte er bis hier herauf, tief hinein ins Gebirge ...

Silas tappt von seinem Lager zum Eingang der Höhle und blinzelt ins Licht ... Die Sonnenstrahlen kitzeln ihn an der Nase ... Prüfend zieht er die Luft ein ... Silas riecht die klare Luft des Frühlings ... Er setzt eine Tatze vor die Höhle. Und schreitet ganz langsam in seine neue Heimat hinein ...

Die weiche Walderde unter sich spüren ... Der Sohlengänger nimmt alles um sich herum mit feinen Sinnen auf ... Vögel pfeifen in den Wipfeln, die sich langsam begrünen ... Zahlreicher sind sie geworden ... Ob schon erste Zugvögel aus dem Süden zurückgekehrt sind? ... Oder singen die Vögel nur häufiger und schöner, weil sie den beginnenden Frühling spüren? ...

In manchen Bäumen raschelt noch das braune, starr gewordene Laub aus dem Vorjahr ... Andere Bäume haben schon ihr erstes Grün hinaus in den Sonnenschein geschickt ... An manchen schattigen Stellen liegen noch Schneereste. Grau und unansehnlich sind sie geworden ...

Silas watet durch einen Waldbach ... Das Wasser springt über Steine und Wurzeln zu Tal ... Der Bach ist klein, Fische gibt es hier keine ... Der Bär geht weiter durch den singenden Wald ... Sein Atem strömt ein und aus, ein und aus, ganz ruhig und gleichmäßig, ganz von allein ...

Silas spürt, wie dieser Wald ihm vertrauter wird ... Mit jedem Atemzug, den er macht, wird er immer mehr ein Teil von ihm selbst ... Die jungen Blätter nehmen seinen Atem auf und verwandeln ihn in ihr Grün ... in das Grün, mit dem sie die Lichtstrahlen in die Kraft des Lebens verwandeln ... Immer mehr vom Atem des Bären geht ein in den Wald ...

Eine Maus läuft über seinen Weg, verschwindet im raschelnden Altlaub. Silas schnüffelt an ihrer Spur und freut sich wieder am Duft der schweren Walderde ... Überall um ihn herum regt sich das Leben ... Er ist einer unter so vielen – und jeder von ihnen ist anders ...

Die Maus ist anders als der Baum ... Der Vogel ist anders als der Käfer, der auf einem jungen Blatt sitzt und nun seine Flügel ausbreitet und losschwirrt und zwischen den Stämmen verschwindet ...

Silas hat sie alle gerne, den Baum, die Maus, den Käfer, den Vogel – und auch den Bach und die Hänge des Berges ... Er brummt zufrieden ... Hier fühlt er sich wohl ...

Silas streift lang um den Berg. Dann tappt er langsam zu seiner Höhle zurück. Morgen wird er seine neue Heimat weiter erkunden ... Ob es hier einen See gibt? ... Und Bäche mit Fischen? ... Ob er Nester von Bienen entdecken kann – und Honig? ... Gräser und Wurzeln gibt es genug ...

Da ist der Höhleneingang! Silas tappt hinein und sucht sein Lager auf ... Er macht es sich gemütlich ...

Da liegt der mächtige Silas – ganz ruhig. Kannst du die Ruhe von Silas spüren? Die Ruhe ist überall in ihm. – Schwer sind die Tatzen von Silas, ganz schwer. Fühlst du, wie schwer seine Tatzen sind? Der Bär ist schwer, ganz schwer. – Und warm sind die Tatzen von Silas, schön warm. Fühlst du, wie warm sie sind? Die Wärme strömt durch seinen ganzen Körper. Silas ist warm, schön warm. – Sein Atem geht ein und aus, ein und aus, ganz ruhig und gleichmäßig, ganz von allein. – Silas ist ruhig, schwer und warm – ruhig, schwer und warm. – So liegt Silas ein Weilchen und ruht sich aus. Es ruht sich aus und fühlt die Ruhe und die neue Kraft tief in sich wachsen.

Und nun kommt die Traumreise langsam zum Ende, und du kehrst zurück in den Raum ... Du spürst wieder den Raum um dich und hörst seine Geräusche ... Die Ruhe ist weiter in dir. Und die Kraft. Du spürst vielleicht, wie die Ruhe und die Kraft in dir stärker geworden sind ... Die Augen können sich wieder öffnen ... Atme tief durch! Reck dich und streck dich ...

## Bienenberg

Mach es dir ganz bequem ... Während du dich noch räkelst, kannst du schon beginnen, angenehm ruhiger zu werden ... Deine Augen können noch offen bleiben und auch zu ruhen beginnen – oder sie können sich schließen und die angenehme Ruhe spüren ... Du hörst vielleicht noch Geräusche um dich, im Raum ... oder von draußen ... Und irgendwann können die Geräusche und jede Bewegung ganz gleichgültig werden ... Und du spürst vielleicht schon, wie gut es sich anfühlt, einfach so da zu sein und eine Traumreise zu erleben ...

Das Licht der Sonne hat einen Höhleneingang erreicht, tief im Gebirge. Aber Silas finden die Sonnenstrahlen hier nicht. Er ist heute schon unterwegs. Über die weiche Walderde läuft er gemütlich den Hang hinauf ...

Silas setzt Tatze vor Tatze, Schritt vor Schritt ... Hier fällt ein Sonnenstrahl durch die Kiefernwipfel und kitzelt ihn an der Nase ... Hier geht er wieder im Schatten des dichten Bergwalds ... Er atmet die frische Luft ... Sein Atem strömt ein und aus, ein und aus, ganz ruhig und gleichmäßig, ganz von allein ... Er spürt in der Ruhe des Atems die Kraft ...

An einem dicken Stamm hält er inne. Ist da nicht ein Summen zu hören? Er setzt sich auf seine Hinterbeine und lauscht. Aus dem Wipfel des Nadelbaums scheint es zu kommen ... Und da summt ihm eine Biene an der Nase vorbei ... und noch eine ... Die Bienen fliegen hinauf in den Wipfel ...

„Dort muss ihr Nest sein", brummt Silas und leckt sich die Lippen. Denn Bienenhonig mag er am liebsten. Aber der Baum ist hoch. Irgendwo weit oben meint Silas, so etwas wie ein Bienennest zu entdecken. Aber sicher ist er sich nicht. Er schlägt mit seiner Tatze an den Baumstamm. Das ist *zu* hoch!

Silas seufzt.

„Wenn ich es nicht bekommen kann,
denke ich auch nicht weiter dran",

brummt er und trottet weiter. Am Bach trinkt er von der Kühle des Wassers. Erste Blumen blühen. Eine Biene fliegt von einer Blume zur anderen – jetzt schwirrt sie an Silas' Nase vorbei in das Dunkel des Waldes. Silas schüttelt den mächtigen Kopf und geht weiter.

Beeren gibt es noch keine im Wald – aber Kräuter und Wurzeln und Knollen ... Silas hat den Honig bald vergessen und freut sich an dem, was vorhanden ist ...

Je höher Silas steigt, umso niedriger werden die Bäume ... Bald ist er dort, wo keine Bäume mehr wachsen können. Hier und da liegen Schneereste. Sonst gibt es nur Fels und Gras und ein paar struppige Büsche ... Aber der Frühling ist auch hier heraufgekommen, denn an den Büschen sprießt Grün ... Hier und da zittert sogar schon eine Bergblume im Wind ... Und da fliegt tatsächlich eine Biene ...

Silas schaut auf die Ketten der Berge ... Über den Gipfeln thronen die Wolken ... Ihre langsame Bewegung liebt Silas sehr ... Weil es eine Bewegung ist, die kaum jemand bemerkt, die aber niemand aufhalten kann ... „So will ich auch sein", denkt Silas ...

Dort unten im Tal liegt irgendwo seine Höhle. Von hier oben ist sie unter den Wipfel nicht zu erkennen ... Silas beschließt, diesen Berg „Bienenberg" zu nennen. Und nicht an Honig dabei zu denken ... Aber jetzt denkt er doch an ihn ...

Silas frisst ein paar Kräuter, die sind hier oben am leckersten. Dann macht er sich wieder auf den Weg hinunter ins Tal ...

Der Weg war lang und schön. Doch da ist der Höhleneingang! Silas tappt hinein und macht es sich auf seinem Lager gemütlich.

Da liegt der mächtige Silas – ganz ruhig. Kannst du die Ruhe von Silas spüren? Die Ruhe ist überall in ihm. – Schwer sind die Tatzen von Silas, ganz schwer. Fühlst du, wie schwer seine Tatzen sind? Der Bär ist schwer, ganz schwer. – Und warm sind die Tatzen von Silas, schön warm. Fühlst du, wie warm sie sind? Die Wärme strömt durch seinen ganzen Körper. Silas ist warm, schön warm. – Sein Atem geht ein und aus, ein und aus, ganz ruhig und gleichmäßig, ganz von allein. – Silas ist ruhig, schwer und warm – ruhig, schwer und warm. – So liegt Silas ein Weilchen und ruht sich aus. Es ruht sich aus und fühlt die Ruhe und die neue Kraft tief in sich wachsen.

Und nun kommt die Traumreise langsam zum Ende, und du kehrst zurück in den Raum ... Du spürst wieder den Raum um dich und hörst seine Geräusche ... Die Ruhe ist weiter in dir. Und die Kraft. Du spürst vielleicht, wie die Ruhe und die Kraft in dir stärker geworden sind ... Die Augen können sich wieder öffnen ... Atme tief durch! Reck dich und streck dich ...

## Die Burg

Mach es dir ganz bequem ... Während du dich noch räkelst, kannst du schon beginnen, angenehm ruhiger zu werden ... Deine Augen können noch offen bleiben und auch zu ruhen beginnen – oder sie können sich schließen und die angenehme Ruhe spüren ... Du hörst vielleicht noch Geräusche um dich, im Raum ... oder von draußen ... Und irgendwann können die Geräusche und jede Bewegung ganz gleichgültig werden ... Und du spürst vielleicht schon, wie gut es sich anfühlt, einfach so da zu sein und eine Traumreise zu erleben ...

Silas ist unterwegs durch den Bergwald. Er setzt Tatze vor Tatze, Schritt vor Schritt ... Sein Schatten begleitet ihn. Aber oft verschmilzt sein Schatten mit den Schatten der Bäume ... Und taucht wieder auf, wenn ein Sonnenstrahl auf Silas fällt ... In den Wipfeln flimmert das Sonnenlicht ...

Silas brummt leise vor sich hin. Die Lieder der Vögel über ihm sind voll Freude ... Der ganze Bergwald schallt von hellem Gesang ...

Welchen Vogel Silas am liebsten mag, könnte er gar nicht sagen. Auch nicht, ob es noch schöner wäre, wenn noch ein weiterer Vogel singen würde. Genau so, wie es ist, ist es schön ... Und wenn ein weiterer Vogel zu singen beginnt, ist es genauso schön ... Und wenn ein Vogel verstummt, bleibt doch die Schönheit der anderen und es ist, als wenn gar nichts fehlte ...

Silas überlegt, ob es auch schön wäre, wenn gar kein Vogel sänge ...

Vielleicht, denkt er ... Dann klänge das Rauschen des Bergbachs deutlicher, das jetzt fast ganz im Vogelgesang verborgen liegt ...

Dann hörte er vielleicht deutlicher das Rauschen des Windes ...

Dann hörte er womöglich eine Maus, die im alten Laub am Wildpfad raschelt ...

Wie es auch ist, ist es schön ... Silas nimmt sich vor, immer darauf zu hören, wie es gerade ist und die Schönheit darin zu finden ...

Silas atmet die frische Luft des Waldes ... Sein Atem strömt ein und aus, ein und aus, ganz ruhig und gleichmäßig, ganz von allein ... Er spürt die Ruhe des Atems ... Er spürt die Kraft des Atems ...

Unten im Tal liegt ein Dorf. Silas hält sich fern davon. Menschen machen ihn unruhig. Aber da tauchen auf einer Spitze des Bergwalds Mauern auf ... zwischen Bäumen ... eine Burg ist es ... von den Menschen verlassen ... Bald wandert Silas zwischen den verfallenen Mauern der Burg ...

Ein Turm ist halb eingestürzt, da geht Silas nicht hinein ... Überhaupt fühlt er sich unwohl, wenn die Mauern zu hoch sind ... „Wie ein Gefängnis", denkt er.

An einer Stelle ist die Mauer fast abgetragen. Der Blick geht dort steil hinunter ... Silas schaut auf die Häuser der Menschen. Auch Autos fahren dort ... Die kennt er ... Und schaut da nicht gerade ein Kind zur Burg hoch? Schnell zieht sich Silas wieder zurück ...

Silas brummt ... Auf dem Wildpfad verlässt er die Burg – gerade noch rechtzeitig! Da kommt auf dem Pfad der Menschen ein Wanderer hoch. Silas verdrückt sich zwischen den Bäumen. „Da hab ich ja nochmal Glück gehabt!", denkt er. Auf dem Rückweg zur Höhle brummt er ein altes Ritterlied. Die Vögel pfeifen noch immer ...

Bald ist Silas wieder in seiner Höhle zurück und macht es sich auf seinem Lager gemütlich.

Da liegt der mächtige Silas – ganz ruhig. Kannst du die Ruhe von Silas spüren? Die Ruhe ist überall in ihm. – Schwer sind die Tatzen von Silas, ganz schwer. Fühlst du, wie schwer seine Tatzen sind? Der Bär ist schwer, ganz schwer. – Und warm sind die Tatzen von Silas, schön warm. Fühlst du, wie warm sie sind? Die Wärme strömt durch seinen ganzen Körper. Silas ist warm, schön warm. – Sein Atem geht ein und aus, ein und aus, ganz ruhig und gleichmäßig, ganz von allein. – Silas ist ruhig, schwer und warm – ruhig, schwer und warm. – So liegt Silas ein Weilchen und ruht sich aus. Es ruht sich aus und fühlt die Ruhe und die neue Kraft tief in sich wachsen.

Und nun kommt die Traumreise langsam zum Ende, und du kehrst zurück in den Raum ... Du spürst wieder den Raum um dich und hörst seine Geräusche ... Die Ruhe ist weiter in dir. Und die Kraft. Du spürst vielleicht, wie die Ruhe und die Kraft in dir stärker geworden sind ... Die Augen können sich wieder öffnen ... Atme tief durch! Reck dich und streck dich ...

# Schmetterlingsfarben

Mach es dir ganz bequem ... Während du dich noch räkelst, kannst du schon beginnen, angenehm ruhiger zu werden ... Deine Augen können noch offen bleiben und auch zu ruhen beginnen – oder sie können sich schließen und die angenehme Ruhe spüren ... Du hörst vielleicht noch Geräusche um dich, im Raum ... oder von draußen ... Und irgendwann können die Geräusche und jede Bewegung ganz gleichgültig werden ... Und du spürst vielleicht schon, wie gut es sich anfühlt, einfach so da zu sein und eine Traumreise zu erleben ...

Silas der Bär ist in den Hochwiesen unterwegs. Es ist windstill. Überhaupt ist die Stille sehr groß. Nur ab und zu der Pfiff eines Vogels zeigt, wie tief die Stille ist ... Der Bär Silas trottet über die Wiesen und fühlt die Ruhe auch in sich selbst ...

Hier ist sonst niemand ... Gelegentlich summt eine Fliege ... Und da fliegt eine Biene von Blume zu Blume ... Weit oben am Himmel kreist ein Adler ... Und natürlich: Der Himmel ist hier ... Mit jedem Atemzug zieht Silas ein wenig vom Himmel in sich hinein ... Sein Atem geht ein und aus, ein und aus, ganz ruhig und gleichmäßig, ganz von allein ...

Silas mag die Blumen sehr gerne. Nicht nur, weil sie gut schmecken. Er mag es einfach, die Farben der Blumen zu betrachten ... Vielleicht, weil er die Farben dann auch in sich selbst spüren kann ... Weil es auch in ihm selbst bunter wird, wenn er die bunten Farben der Blumen betrachtet ...

Da flattert ein Schmetterling vorbei – gerade über der Nase des Bären! Silas bleibt stehen. Der Schmetterling torkelt vor ihm durch die Luft. Silas versucht ihm mit den Augen zu folgen, bis ihm fast schwindlig wird ... Da setzt sich der Schmetterling auf eine Blume ...

Silas betrachtet die Formen und Farben des Schmetterlings ... Da sind vor allem die weiten Flügel, die mal auf- und mal zuklappen ... Da ist der kleine Kopf mit den Fühlern ... Die Beine sieht Silas nicht, die sind unter den Flügeln verborgen ... Der Schmetterling betastet mit seinen Fühlern die Blume ...

Die zarten Farben gefallen Silas am besten. Er spürt, wie es in ihm selbst heller und froher und bunter wird, wenn er die Farben betrachtet ... „So färbt alles in der Welt auf mich ab", denkt Silas. Und er freut sich, weil er die Schönheit des Schmetterlings auch in sich selber spürt, obwohl er doch so viel größer ist – und sein Pelz ganz braun! ...

Der Schmetterling schlägt mit den Flügeln und flattert davon. Schon hat Silas ihn aus den Bärenaugen verloren.

„Lang gestarrt und nichts getan, klopf, klopf, klopf, klopf, klopf!" Ein Specht klopft im nahen Bergwald spöttisch zu Silas herüber.

„Ich habe etwas getan!", denkt Silas stolz, „ich habe meine Welt bunter und schöner gemacht!" Und er streckt dem Specht die Bärenzunge heraus.

Aber der Specht hat auch recht, nun muss er schauen, wo er etwas zu essen findet. Ein paar Wurzeln wären jetzt lecker! Rauscht dort nicht etwas vom Wald her?

Silas spitzt die Ohren und hört tatsächlich einen Bach rauschen. Dorthin trottet er nun ...

Eine ganze Weile später ist Silas gesättigt in seiner Höhle zurück. Er macht es sich auf seinem Lager gemütlich.

Da liegt der mächtige Silas – ganz ruhig. Kannst du die Ruhe von Silas spüren? Die Ruhe ist überall in ihm. – Schwer sind die Tatzen von Silas, ganz schwer. Fühlst du, wie schwer seine Tatzen sind? Der Bär ist schwer, ganz schwer. – Und warm sind die Tatzen von Silas, schön warm. Fühlst du, wie warm sie sind? Die Wärme strömt durch seinen ganzen Körper. Silas ist warm, schön warm. – Sein Atem geht ein und aus, ein und aus, ganz ruhig und gleichmäßig, ganz von allein. – Silas ist ruhig, schwer und warm – ruhig, schwer und warm. – So liegt Silas ein Weilchen und ruht sich aus. Es ruht sich aus und fühlt die Ruhe und die neue Kraft tief in sich wachsen.

Und nun kommt die Traumreise langsam zum Ende, und du kehrst zurück in den Raum ... Du spürst wieder den Raum um dich und hörst seine Geräusche ... Die Ruhe ist weiter in dir. Und die Kraft. Du spürst vielleicht, wie die Ruhe und die Kraft in dir stärker geworden sind ... Die Augen können sich wieder öffnen ... Atme tief durch! Reck dich und streck dich ...

# Silas und der Adler

Mach es dir ganz bequem ... Während du dich noch räkelst, kannst du schon beginnen, angenehm ruhiger zu werden ... Deine Augen können noch offen bleiben und auch zu ruhen beginnen – oder sie können sich schließen und die angenehme Ruhe spüren ... Du hörst vielleicht noch Geräusche um dich, im Raum ... oder von draußen ... Und irgendwann können die Geräusche und jede Bewegung ganz gleichgültig werden ... Und du spürst vielleicht schon, wie gut es sich anfühlt, einfach so da zu sein und eine Traumreise zu erleben ...

Silas reckt die Nase in den Wind. Ist da im Gemenge des Blumendufts, des Dufts von Gräsern und von den Bäumen des Waldes, ist da nicht auch ein bisschen Honig zu riechen? ... Er ist nicht sicher. Wenn, dann ist der Honig weit weg. So trottet der mächtige Bär weiter über die Bergwiese ...

Da hört Silas ein Geräusch ... Als er sich ihm zuwendet, einer Felswand zu, sieht er auch, was das Geräusch verursacht hat ... Ein junger Adler klettert dort über Geröll. Steine lösen sich unter seinen Krallen ... Der junge Adler muss aus seinem Horst gefallen sein, seinem Nest, das ein Stück die Feldwand hoch in eine Nische gebaut ist ... Silas steht starr ...

Der junge Adler hat Silas entdeckt und schaut ihn an. Er sträubt sein Gefieder – aber er ist ganz ruhig ... Sein Blick und der Blick von Silas begegnen sich ...

Wie mag der junge Adler Silas sehen? Bestimmt sehr klar, denn er hat scharfe Augen. Silas ist groß und schwer, der junge Adler ist viel kleiner und kann noch nicht richtig fliegen. Bei seinem ersten Flugversuch ist er abgestürzt. Und da kommt so ein großer, dicker Bär! Ob der junge Adler Angst hat? ... Das gesträubte Gefieder ... der halb geöffnete Schnabel ...

Ein scharfer Schrei aus dem Himmel über den Bäumen ... Als Silas hochschaut, sieht er dort einen großen Adler kreisen, der alles genau beobachtet ... Das muss die Mutter oder der Vater sein, denkt Silas. Und er wendet sich lieber ein bisschen weg vom jungen Adler.

Der ist auf einen Felsen gestiegen und schlägt mit den Flügeln ... Und *springt* ... Ein paar Meter weit kommt er, aber dann landet er wieder auf dem Boden und macht einen Purzel ...

Das Fliegen wird noch ein wenig Übung brauchen, denkt Silas. Noch einmal schaut er zum großen Adler hinauf, dann trottet er weiter ...

Das Gehen auf der Walderde tut gut ... Silas geht ganz langsam und spürt jeden Schritt nach ... Wie die Tatze den Waldboden berührt ... Wie sein ganzes Gewicht sich darauf verlagert ... Wie die anderen Beine das Gewicht übernehmen und die Tatze sich wieder löst von der Erde ... Schritt für Schritt ist die Welt sehr klar und lebendig ...

Silas spürt seinen Atem gehen. Sein Atem strömt ein und aus, ein und aus, ganz ruhig und gleichmäßig, ganz von allein ...

Silas denkt über die Adler nach ... Er selbst, da ist er sich sicher, könnte nie fliegen ... Dazu ist er viel zu schwer ... Und er hat keine Flügel ... Wie es sich wohl anfühlt, ein Adler zu sein? ...

Wahrscheinlich, denkt Silas, ist alles ganz anders, wenn einer fliegen kann ... Nicht nur eben das Fliegen, sondern die ganze Art, wie einer die Welt sieht ... Wie einer einen Baum betrachtet oder eine Felswand ... Es ist schön, die Welt immer wieder mit anderen Augen zu betrachten!, denkt Silas ...

Möchte er lieber ein Adler sein? ... Eigentlich, denkt Silas, fühlt er sich wohl, wie er ist ... Und mit anderen Augen kann er die Welt trotzdem sehen, wenn er will ... Er stellt sich einfach vor, ein Adler zu sein und zu fliegen ... Oder ein Schmetterling ...

Silas schüttelt den Kopf. Das viele Denken! Nun haben ihn die Füße ganz alleine getragen, ohne dass er wusste, wohin. Da vorn liegt seine Bärenhöhle! Für heute hat er genug erlebt.

Silas geht die letzten Schritte und stellt sich dabei vor, ein Mensch zu sein. Dann ist er angekommen. Er macht es sich auf seinem Lager gemütlich.

Da liegt der mächtige Silas – ganz ruhig. Kannst du die Ruhe von Silas spüren? Die Ruhe ist überall in ihm. – Schwer sind die Tatzen von Silas, ganz schwer. Fühlst du, wie schwer seine Tatzen sind? Der Bär ist schwer, ganz schwer. – Und warm sind die Tatzen von Silas, schön warm. Fühlst du, wie warm sie sind? Die Wärme strömt durch seinen ganzen Körper. Silas ist warm, schön warm. – Sein Atem geht ein und aus, ein und aus, ganz ruhig und gleichmäßig, ganz von allein. – Silas ist ruhig, schwer und warm – ruhig, schwer und warm. – So liegt Silas ein Weilchen und ruht sich aus. Es ruht sich aus und fühlt die Ruhe und die neue Kraft tief in sich wachsen.

Und nun kommt die Traumreise langsam zum Ende, und du kehrst zurück in den Raum ... Du spürst wieder den Raum um dich und hörst seine Geräusche ... Die Ruhe ist weiter in dir. Und die Kraft. Du spürst vielleicht, wie die Ruhe und die Kraft in dir stärker geworden sind ... Die Augen können sich wieder öffnen ... Atme tief durch! Reck dich und streck dich ...

# Der Bergsee

Mach es dir ganz bequem ... Während du dich noch räkelst, kannst du schon beginnen, angenehm ruhiger zu werden ... Deine Augen können noch offen bleiben und auch zu ruhen beginnen – oder sie können sich schließen und die angenehme Ruhe spüren ... Du hörst vielleicht noch Geräusche um dich, im Raum ... oder von draußen ... Und irgendwann können die Geräusche und jede Bewegung ganz gleichgültig werden ... Und du spürst vielleicht schon, wie gut es sich anfühlt, einfach so da zu sein und eine Traumreise zu erleben ...

Auf einer Seite des Bergsees stehen Föhren. Wenn Wind geht, und das ist oft so, dann knarren ihre Stämme und manche Äste schlagen zusammen ... Jetzt aber ist es fast windstill. Die Föhren spiegeln sich auf der glatten Fläche des Bergsees ...

Am gegenüberliegenden Ufer steigt der Berg aus dem See, erst im Grün einer Wiese ... dann in den vielen Grautönen des Felses ... Er steigt immer höher ... bis in den Schnee ... und noch höher, bis der Berg endet und der Himmel beginnt ...

Am Himmel ziehen leichte Wolken ... Und im Bergsee ziehen ihre Spiegelbilder in dieselbe Richtung ... Am Ende des Sees verschwinden sie in der Erde ... Die Wolken am Himmel aber ziehen dort immer noch ...

Vielleicht kreist irgendwo dort oben ein Adler ... Vielleicht äugt er mit seinem scharfen Blick auf alles, was um seinen Berg geschieht ...

Die Sonne strahlt endlos ... Wo ihr Licht auf eine Wolke trifft, zieht unter der Wolke ein Schatten ... Wo keine Wolke zieht, fällt das Licht der Sonne warm auf das Land ... Vielleicht kannst du seine Wärme spüren, wenn du genau achtgibt ... Sie strömt auch durch dich ...

Am Wiesenhang pfeift es ... Verborgen liegen dort die Löcher der Murmeltiere ... Gerade kriecht ein Murmeltier aus dem langen Gang seiner Erdhöhle und lässt sich am Eingang die Sonne auf den Pelz brennen ... Wachsam schaut es umher, zum Himmel auch, ob dort vielleicht ein Adler kreist, und hinunter zum Bergsee ...

Die Luft scheint rein zu sein, denn das Murmeltier springt aus seinem Loch in die Wiese ... Ein immer gedeckter Tisch! Wie gut die Gräser und Kräuter duften! ... Das Murmeltier pfeift ... Andere Murmel verlassen ihren Bau und huschen über die Wiese, auf der Suche nach den besten Weidegründen ...

Ein Murmeltier ist bis zum Bergsee gelaufen. Nun betrachtet es sich selbst im klaren Wasser ... Oder betrachtet es die Wolken, die in der

Tiefe des Bergsees ziehen? ... Oder betrachtet es die Gipfel der Berge, die sich im Bergsee spiegeln? ... Nun trinkt es vom Wasser. Wellen zerstören die Spiegelbilder ... Bald läuft das Murmel zurück in die Wiese ...

Von der anderen Seite des Sees schreit ein Vogel ... Im Geäst einer Föhre hat er sein Nest ... Er hat etwas gesehen, was den Augen der Murmeltiere entgangen ist ... Aber jetzt spähen sie alle umher – und entdecken es auch ...

Silas, der Bär, trottet über das weiche Gras der Bergwiese ... Ganz gemütlich setzt er Tatze vor Tatze ... Er liebt den gleichmäßigen Rhythmus des Gehens ... Und er liebt die Schaukel seines Atems, die in diesem Gehen langsam hin- und herwippt ... Sein Atem geht ein und aus, ein und aus, ganz ruhig und gleichmäßig, ganz von allein ... Er spürt in der Ruhe seines Atems die Ruhe tief in sich selbst ...

Silas bleibt stehen und schaut auf die Ruhe des Bergsees ... Er schaut hoch zu den ziehenden Wolken ... Er schaut auf die Hänge und Gipfel der Berge ... Er schaut auf die blinkende Sonne im Wasser ...

Silas macht es sich am Bergsee gemütlich ... Er schließt seine Augen ...

Da liegt der mächtige Silas – ganz ruhig. Kannst du die Ruhe von Silas spüren? Die Ruhe ist überall in ihm. – Schwer sind die Tatzen von Silas, ganz schwer. Fühlst du, wie schwer seine Tatzen sind? Der Bär ist schwer, ganz schwer. – Und warm sind die Tatzen von Silas, schön warm. Fühlst du, wie warm sie sind? Die Wärme strömt durch seinen ganzen Körper. Silas ist warm, schön warm. – Sein Atem geht ein und aus, ein und aus, ganz ruhig und gleichmäßig, ganz von allein. – Silas ist ruhig, schwer und warm – ruhig, schwer und warm. – So liegt Silas ein Weilchen und ruht sich aus. Es ruht sich aus und fühlt die Ruhe und die neue Kraft tief in sich wachsen.

Und nun kommt die Traumreise langsam zum Ende, und du kehrst zurück in den Raum ... Du spürst wieder den Raum um dich und hörst seine Geräusche ... Die Ruhe ist weiter in dir. Und die Kraft. Du spürst vielleicht, wie die Ruhe und die Kraft in dir stärker geworden sind ... Die Augen können sich wieder öffnen ... Atme tief durch! Reck dich und streck dich ...

## Ein kleines bisschen leichter?

Mach es dir ganz bequem ... Während du dich noch räkelst, kannst du schon beginnen, angenehm ruhiger zu werden ... Deine Augen können noch offen bleiben und auch zu ruhen beginnen – oder sie können sich schließen und die angenehme Ruhe spüren ... Du hörst vielleicht noch Geräusche um dich, im Raum ... oder von draußen ... Und irgendwann können die Geräusche und jede Bewegung ganz gleichgültig werden ... Und du spürst vielleicht schon, wie gut es sich anfühlt, einfach so da zu sein und eine Traumreise zu erleben ...

Die ganze Nacht durch hat es geregnet. Doch als Silas nun seine Bärenschnauze aus der Höhle streckt, hat sich die Welt verwandelt ... Sonnenstrahlen brechen durch die abziehenden Wolken. Der Regen hat aufgehört – aber die Tropfen fallen noch immer, von Blatt zu Blatt und schließlich zur Erde ... Silas mag alle Geräusche des Wassers, und so mag er auch das Gespräch der Tropfen mit den Blättern des Waldes ...

Eine ganze Weile lauscht Silas den Geräuschen des Bergwalds ... Erst hat er nur auf die Tropfen des Regens geachtet. Nach einer Weile fiel ihm ein, dass es noch andere Geräusche gibt. Erst dann hat er diese Geräusche richtig gehört ... Vogelpfiffe ... Geräusche des Windes ... Rascheln von Blättern am Boden ... Motorengeräusche von fern ... und am Himmel, ist das wohl ein Flugzeug? ... Erst als ihm einfiel, auch auf andere Geräusche zu achten, hat Silas sie richtig gehört ...

Silas erhebt sich und geht hinein in den glänzenden Wald ... Von den Bäumen tropft es immer noch, auch wenn der Himmel lange schon blau ist ... Ab und zu trifft Silas ein Tropfen im Gesicht ...

Am Bach bleibt er stehen und trinkt ... Er schüttelt sein Fell ... „Der Bach führt Wasser, das vor langer Zeit zur Erde gefallen ist – auch dieses Wasser kam einmal vom Himmel“, denkt Silas und berührt mit einer Tatze den Bach ... „Und das Wasser, das von den Bäumen tropft, fiel vor kurzem vom Himmel.“ Silas schüttelt sich. „Alles um mich herum hat eine Vergangenheit. – Und alles hat eine Zukunft.“

Silas leckt vom Wasser des Baches. „Nun fließt ein bisschen weniger Wasser den Bach hinunter“, denkt er. „Und ein bisschen mehr Wasser ist in meinem Bauch.“ ...

Silas ist weitergetrottet, hinein in den Wald. Auf einem Felsen am Berghang schaut er weit über das Land. „Weil ein Auto der Menschen dort fährt, gibt es ein Geräusch“, denkt er. „Weil dort hinten dunkle Wolken aufgezogen sind, wird es dort bald regnen. – Erstaunlich,

erstaunlich!" Silas schüttelt den Kopf.

„Weil der Vogel singt, höre ich sein Lied. Weil ich sein Lied höre, hebe ich meinen Kopf ein klein wenig. Ich werde fröhlicher, wegen dem Lied eines Vogels! Erstaunlich, erstaunlich!" Silas schüttelt wieder den Kopf.

Auf dem Felsen ist es schön. Die Aussicht über das Land ist sehr weit – bis hin zur Bergkette, über die Silas vor Monaten stieg, als er in dieses Tal zog. „Wenn ich in den Himmel schaue, macht mich das selbst weit – ein kleines bisschen zumindest", denkt Silas. „Wenn ich ein bisschen leichter werden will – und weiter, dann schaue ich einfach in den Himmel", überlegt er dann. „Und ich achte darauf, was sonst noch mich leichter macht." ... Silas steht eine Weile und betrachtet den Himmel. Dann trottet er über den Hangwald zurück.

„Ob ich wohl anders gehe, nachdem ich in den weiten Himmel geschaut habe?", fragt sich Silas beim Gehen. „Ein kleines bisschen weiter? Oder ein kleines bisschen leichter? Ich glaube, ja! Erstaunlich, erstaunlich!"

Ein Schmetterling tanzt über den Weg. „Dich kenne ich!", brummt Silas und lacht ... Er schaut dem Schmetterling nach, bis der zwischen den Bäumen verschwunden ist. Und als Silas weitergeht, der mächtige Bär, ist sein Gang nicht tatsächlich nochmal ein kleines bisschen leichter geworden?

Silas ist wieder in seiner Höhle zurück. Er macht es sich auf seinem Lager gemütlich.

Da liegt der mächtige Silas – ganz ruhig. Kannst du die Ruhe von Silas spüren? Die Ruhe ist überall in ihm. – Schwer sind die Tatzen von Silas, ganz schwer. Fühlst du, wie schwer seine Tatzen sind? Der Bär ist schwer, ganz schwer. – Und warm sind die Tatzen von Silas, schön warm. Fühlst du, wie warm sie sind? Die Wärme strömt durch seinen ganzen Körper. Silas ist warm, schön warm. – Sein Atem geht ein und aus, ein und aus, ganz ruhig und gleichmäßig, ganz von allein. – Silas ist ruhig, schwer und warm – ruhig, schwer und warm. – So liegt Silas ein Weilchen und ruht sich aus. Es ruht sich aus und fühlt die Ruhe und die neue Kraft tief in sich wachsen.

Und nun kommt die Traumreise langsam zum Ende, und du kehrst zurück in den Raum ... Du spürst wieder den Raum um dich und hörst seine Geräusche ... Die Ruhe ist weiter in dir. Und die Kraft. Du spürst vielleicht, wie die Ruhe und die Kraft in dir stärker geworden sind ... Die Augen können sich wieder öffnen ... Atme tief durch! Reck dich und streck dich ...

# Silas und der Regenbogen

Mach es dir ganz bequem ... Während du dich noch räkelst, kannst du schon beginnen, angenehm ruhiger zu werden ... Deine Augen können noch offen bleiben und auch zu ruhen beginnen – oder sie können sich schließen und die angenehme Ruhe spüren ... Du hörst vielleicht noch Geräusche um dich, im Raum ... oder von draußen ... Und irgendwann können die Geräusche und jede Bewegung ganz gleichgültig werden ... Und du spürst vielleicht schon, wie gut es sich anfühlt, einfach so da zu sein und eine Traumreise zu erleben ...

Durch den Bergwald ist Silas gewandert, von seiner Bärenhöhle – bis zur Felskanzel. Von dort geht der Blick weit und frei über das Tal ... Silas freut sich über den Fluss, der sich durch das Tal zieht ... Silas freut sich über die Wiesen der Berghöhe ... über die Berge selbst ... und über die Weite des Himmels ... Langsam ziehen Wolken ...

Weiter hinten über dem Tal sind die Wolken sehr dunkel, da wird es bestimmt bald regnen ... Und was ist da? – Ein Regenbogen leuchtet über den Wäldern ...

Silas hat schon oft einen Regenbogen gesehen, aber selten einen mit solch kräftigen Farben ...

„Diesmal will ich's probieren!", sagt sich Silas. „Diesmal gehe ich los und finde den Ort, wo der Regenbogen die Erde berührt!"

Aus dem Wald pfeift ein Vogel, als wolle er dazu Ja sagen. Ein leichter Wind kommt auf und trägt den Duft des Waldes über den Fels ... Silas merkt sich die Stelle, wo der Fuß des Regenbogens die Erde berührt und geht los ... Langsam und vergnügt setzt er Tatze vor Tatze ...

Silas geht den Bergwald hinab. Auf der weichen Walderde scheinen seine Schritte zu federn ... Vögel singen ringsum ... Eine Biene fliegt vorbei. Silas bleibt stehen, um zu sehen, ob sie hier irgendwo ihren Bienenstock hat. Ein bisschen Honig wäre als Wegzehrung nicht schlecht. Er leckt sich die Lippen ... Aber die Biene verschwindet schnell zwischen den Bäumen ... Silas geht weiter.

„Weißt du, wo der Fuß des Regenbogens ist?", fragt er die alte Kiefer am Waldsee. Ihre Äste knarren. Aber ob das nur der Wind ist oder ob der Baum wirklich etwas über den Regenbogen weiß, kann Silas nicht wirklich verstehen ...

„Weißt du, wo der Fuß des Regenbogens ist?", fragt er ein Stück weiter den Bergbach, der munter ins Tal gluckst ... Zwar hört das Bächlein zu glucksen nicht auf, ob es aber wirklich vom Fuß des Regenbogens weiß, kann Silas nicht wirklich verstehen ...

Ein Stück weiter am Bächlein entlang, entdeckt Silas in einer knorrigen Eiche zwei Augen. Eine Eule hat sich dort niedergelassen und betrachtet ihn stumm.

„Weißt du vielleicht, wo der Fuß des Regenbogens ist?", fragt Silas. Die Eule schaut ihn bloß an. Silas wartet geduldig. Auf einmal schließt die Eule ein Auge. Silas betrachtet sie weiter ... Die Eule öffnet das Auge wieder ... Und schließt dann das andere Auge ... Und nun sind beide Augen wieder geöffnet.

Silas schaut in die Ruhe der großen Eulenaugen ... Eine ganze Weile steht er da, im Gesang der Vögel, im Rauschen des Bächleins ... Dann schüttelt er sich und geht weiter, immer dem Rauschen des Bächleins nach ...

Als er die ersten Häuser der Menschen sieht, hält Silas inne. „Der Regenbogen muss bei den Menschen sein", denkt er. „Da kann ich nicht hin." Er schüttelt den schweren Bärenkopf und springt über den Bach. Den Hangwald tappt er hinauf, wieder zu seiner Höhle zurück, durch das Singen der Vögel.

Endlich ist Silas zu Hause angekommen. Er macht es sich auf seinem Lager gemütlich.

Da liegt der mächtige Silas – ganz ruhig. Kannst du die Ruhe von Silas spüren? Die Ruhe ist überall in ihm. – Schwer sind die Tatzen von Silas, ganz schwer. Fühlst du, wie schwer seine Tatzen sind? Der Bär ist schwer, ganz schwer. – Und warm sind die Tatzen von Silas, schön warm. Fühlst du, wie warm sie sind? Die Wärme strömt durch seinen ganzen Körper. Silas ist warm, schön warm. – Sein Atem geht ein und aus, ein und aus, ganz ruhig und gleichmäßig, ganz von allein. – Silas ist ruhig, schwer und warm – ruhig, schwer und warm. – So liegt Silas ein Weilchen und ruht sich aus. Es ruht sich aus und fühlt die Ruhe und die neue Kraft tief in sich wachsen.

Und nun kommt die Traumreise langsam zum Ende, und du kehrst zurück in den Raum ... Du spürst wieder den Raum um dich und hörst seine Geräusche ... Die Ruhe ist weiter in dir. Und die Kraft. Du spürst vielleicht, wie die Ruhe und die Kraft in dir stärker geworden sind ... Die Augen können sich wieder öffnen ... Atme tief durch! Reck dich und streck dich ...

## Der Bergbach

Mach es dir ganz bequem ... Während du dich noch räkelst, kannst du schon beginnen, angenehm ruhiger zu werden ... Deine Augen können noch offen bleiben und auch zu ruhen beginnen – oder sie können sich schließen und die angenehme Ruhe spüren ... Du hörst vielleicht noch Geräusche um dich, im Raum ... oder von draußen ... Und irgendwann können die Geräusche und jede Bewegung ganz gleichgültig werden ... Und du spürst vielleicht schon, wie gut es sich anfühlt, einfach so da zu sein und eine Traumreise zu erleben ...

Irgendwo hoch oben am Berg beginnt es, nur wenig unter dem Gletscher, der wie eine erstarrte weiße Zunge am Hang liegt ... Zwischen Felsen quillt Wasser hervor und gurgelt den Hang hinab – das ist der Bergbach ...

Hier oben scheint der Himmel näher als anderswo. Wind pfeift. Sonst ist wenig zu hören ... Der Quell des Bergbachs liegt inmitten einer weiten Ruhe und Größe ... Und obwohl er selbst munter zwischen den Felsen springt, wird die Ruhe um den Bergbach fast noch größer ...

Die Felsen, zwischen denen das Bächlein springt, sind gewaltig .... sie scheinen mit dem Berg verwachsen ... Auch wenn der Wind einmal kräftig bläst, kann er sie nicht bewegen ... Sie sind schwer, ganz schwer ... Vielleicht spürst du etwas von der Schwere der Felsen ...

Auch das Licht ist hier ... Nichts gibt es, was Schatten wirft – außer am Morgen der Gipfel des Berges ... Aber nun ist die Sonne über ihm aufgestiegen, und da ist nichts mehr zwischen ihr und der Erde ... Vielleicht spürst du die Wärme der Sonne auch in dir ... Es ist eine Wärme, die durch jeden strömt ...

Das Bächlein springt munter den Hang hinab, durch die gewaltige Ruhe und Kraft des Bergs und des Himmels ...

Ein Stück tiefer hat Gras zwischen den Steinen zu wachsen begonnen ... Es zittert im leichten Wind, es wird immer kräftiger, je weiter es den Bergbach den Hang hinunter begleitet ... Bald ist das Gras eine Bergwiese geworden ... Blumen stehen dazwischen, leuchten mit ihren Farben in den Himmel ... Hier und da summt eine Biene ...

An einer Berghütte stürzt der Wildbach vorbei ... Eine Fahne flattert im Wind ... Auf Bänken vor der Hütte sitzen Wanderer und rasten ... Einige essen und trinken noch ... Andere packen schon wieder ihre Rucksäcke ... Bald geht es weiter, den Berg hinauf ...

Silas, der Bär, hat sich am Waldrand niedergelassen, da liegt er im satten Gras ... Von der Hütte und den Menschen hält er sich fern ... Oft schon hat er darüber nachgedacht, was die Menschen dort oben am Berg eigentlich wollen ... Einmal ist er selbst ein Stück hinaufgestiegen. Am Gletscher ist er umgekehrt ... Ob es noch höher wohl Honig gibt? Und Beeren? Er hat aber nichts davon gerochen ...

Am Bergbach hält Silas sich gerne auf. Das Wasser plätschert durch den Wald. Gerne trinkt Silas davon ... Oder er liegt nur einfach da und lässt es sich gutgehen ...

Silas beobachtet, wie an einer ruhigeren Stelle kleine Insekten über dem Bach schwirren ... Ab und zu taucht eines hinab und berührt das strömende Wasser ... Ob sie wohl trinken? ... Oder wollen sie ein paar Tropfen zurück in den Himmel tragen? ...

Silas legt sich hin und beobachtet den Tanz der Insekten ... Wie lebendig sie sind ... Und doch liegt eine tiefe Ruhe über dem Tanz ... Das ist die Ruhe in mir selbst, denkt Silas ...

Silas legt sich ins Gras ... Er macht es sich am Bachlauf gemütlich ...

Da liegt der mächtige Silas – ganz still. Kannst du die Ruhe von Silas spüren? Die Ruhe ist überall in ihm. – Schwer sind die Tatzen von Silas, ganz schwer. Fühlst du, wie schwer seine Tatzen sind? Der Bär ist schwer, ganz schwer. – Und warm sind die Tatzen von Silas, schön warm. Fühlst du, wie warm sie sind? Die Wärme strömt durch seinen ganzen Körper. Silas ist warm, schön warm. – Sein Atem geht ein und aus, ein und aus, ganz ruhig und gleichmäßig, ganz von allein. – Silas ist ruhig, schwer und warm – ruhig, schwer und warm. – So liegt Silas ein Weilchen und ruht sich aus. Es ruht sich aus und fühlt die Ruhe und die neue Kraft tief in sich wachsen.

Und nun kommt die Traumreise langsam zum Ende, und du kehrst zurück in den Raum ... Du spürst wieder den Raum um dich und hörst seine Geräusche ... Die Ruhe ist weiter in dir. Und die Kraft. Du spürst vielleicht, wie die Ruhe und die Kraft in dir stärker geworden sind ... Die Augen können sich wieder öffnen ... Atme tief durch! Reck dich und streck dich ...

## Silas, der Schmetterling

Mach es dir ganz bequem ... Während du dich noch räkelst, kannst du schon beginnen, angenehm ruhiger zu werden ... Deine Augen können noch offen bleiben und auch zu ruhen beginnen – oder sie können sich schließen und die angenehme Ruhe spüren ... Du hörst vielleicht noch Geräusche um dich, im Raum ... oder von draußen ... Und irgendwann können die Geräusche und jede Bewegung ganz gleichgültig werden ... Und du spürst vielleicht schon, wie gut es sich anfühlt, einfach so da zu sein und eine Traumreise zu erleben ...

Die ersten Blätter im Bergwald färben sich ... unmerklich hat es begonnen ... Den ganzen Sommer über wurde das Grün der Laubbäume, das im Frühjahr so hell erschien, immer dunkler ... Und nun sind hier und da erste Blätter schon wieder heller geworden – aber nun gelb ...

In vielen Bäumen sind Früchte gewachsen. Auf die Eicheln und Bucheckern freuen sich die Tiere des Waldes am meisten, die Wildschweine wie die Eichhörnchen ...

Der Bär Silas aber freut sich über die Beeren ... Die roten Himbeeren sind schon überreif, die mag er am liebsten ... Mit den Tatzen streift er sie von den Zweigen der Büsche und schiebt sie sich ins Maul. Fliegen stürzen sich schnell in den Himmel, wenn seine Bärenpranken die Zweige berühren ... Aber Vorsicht, Vorsicht: Die Zweige tragen Stacheln! ... Silas liebt den Duft der Himbeeren ... Und er liebt ihren süßen Geschmack ...

Plötzlich hält Silas ganz still. Auf ein Blatt des Himbeerstrauchs hat sich ein Schmetterling niedergelassen ... Der Atem von Silas geht ganz ruhig. Er geht ein und aus, ein und aus, ganz von allein, ganz ruhig und gleichmäßig ...

Der Schmetterling öffnet seine Flügel. Silas staunt über die Farben und Muster ... Bewegen sich die feinen Fühler des Schmetterlings ein wenig? ... Prüfen sie vielleicht die Luft, ob irgendwoher Gefahr droht? ... Silas staunt mit offenem Maul ...

Da springt der Schmetterling in die Luft und verschwindet mit ein paar Flügelschlägen im Himmel ... Silas schaut ihm staunend nach ...

Als Silas weitergeht, versucht er, sich so leicht und tänzelnd wie ein Schmetterling zu bewegen ... Der Specht lacht, als er das sieht. „Du bist so groß und plump", ruft er, „und einen Schnabel zum Klopfen hast du auch nicht!" Und er klopft wieder ein paarmal an seinen Baumstamm ...

Silas tänzelt einfach weiter, denn er versteht die Spechtsprache nicht. Und wenn, dann wäre es ihm egal. Er ist Silas, der Bär, was geht ihn das

Gelächter von Spechten an! ... Er tänzelt weiter wie ein Schmetterling durch den Wald ...

Ein Eichhörnchen lacht, als es ihn sieht. „Du bist so plump und grob", ruft es. „Du hast keinen Schweif und so gut klettern wie ich kannst du sowieso nicht!" Und es witscht geschwind den Baumstamm hoch ...

Silas tänzelt einfach weiter, denn er versteht die Eichhörnchensprache nicht. Und wenn, dann wäre es ihm egal. Er ist Silas, der Bär, was geht ihn das Geschrei von Eichhörnchen an! Und klettern kann er genauso gut, wie er will – jedenfalls fast! ... Er tänzelt weiter wie ein Schmetterling durch den Wald ...

Silas bleibt stehen und schaut ringsum in den Wald. Schön ist es hier! ... Die Bäume sind Freunde ... Das Summen der Insekten und das Pfeifen der Vögel ist wie eine Musik ... „Hier bin ich zu Hause!", denkt Silas stolz.

Durch die Bäume geht ein Windstoß ... Die Bäume rauschen lauter als noch im Sommer, sie sind härter und starrer geworden ... Ein paar gelbe Blätter lösen sich aus einem Wipfel und segeln zur Erde ...

Doch fliegt dort ein Blatt nicht *aufwärts*? Oder ist es ein Schmetterling? ... Silas steht da und staunt ... Aber schon ist es vorbei, die Blätter sind auf die Erde gefallen, das eine Blatt oder der Schmetterling ist irgendwo im Himmel verschwunden ...

Silas ist noch lange gegangen. Aber nun ist er wieder in seiner Höhle zurück. Er macht es sich auf seinem Lager gemütlich.

Da liegt der mächtige Silas – ganz ruhig. Kannst du die Ruhe von Silas spüren? Die Ruhe ist überall in ihm. – Schwer sind die Tatzen von Silas, ganz schwer. Fühlst du, wie schwer seine Tatzen sind? Der Bär ist schwer, ganz schwer. – Und warm sind die Tatzen von Silas, schön warm. Fühlst du, wie warm sie sind? Die Wärme strömt durch seinen ganzen Körper. Silas ist warm, schön warm. – Sein Atem geht ein und aus, ein und aus, ganz ruhig und gleichmäßig, ganz von allein. – Silas ist ruhig, schwer und warm – ruhig, schwer und warm. – So liegt Silas ein Weilchen und ruht sich aus. Es ruht sich aus und fühlt die Ruhe und die neue Kraft tief in sich wachsen.

Und nun kommt die Traumreise langsam zum Ende, und du kehrst zurück in den Raum ... Du spürst wieder den Raum um dich und hörst seine Geräusche ... Die Ruhe ist weiter in dir. Und die Kraft. Du spürst vielleicht, wie die Ruhe und die Kraft in dir stärker geworden sind ... Die Augen können sich wieder öffnen ... Atme tief durch! Reck dich und streck dich ...

## Über dem Dorf

Mach es dir ganz bequem ... Während du dich noch räkelst, kannst du schon beginnen, angenehm ruhiger zu werden ... Deine Augen können noch offen bleiben und auch zu ruhen beginnen – oder sie können sich schließen und die angenehme Ruhe spüren ... Du hörst vielleicht noch Geräusche um dich, im Raum ... oder von draußen ... Und irgendwann können die Geräusche und jede Bewegung ganz gleichgültig werden ... Und du spürst vielleicht schon, wie gut es sich anfühlt, einfach so da zu sein und eine Traumreise zu erleben ...

Vom Dorf her ist lautes Hämmern zu hören. Ob dort das Dach eines Hauses gedeckt wird? Oder wird in der Autowerkstatt etwas repariert? Der Bär Silas hat seine Ohren gespitzt und lauscht zwischen bunt gewordenem Laub.

Die Lieder der Vögel sind auch noch da, aber die hört er jetzt kaum. Alle Geräusche des Bergwalds treten ganz in den Hintergrund ... Eine Maus läuft über das Laub auf dem Boden, lässt es rascheln – Silas hört es zwar, aber ganz in einer Ecke seiner Aufmerksamkeit. Er ist nämlich ganz bei dem, was im Dorf geschieht.

Von seiner alten Heimat und den Eltern weiß Silas, dass Dörfer für Bären gefährlich sind. Er hat das Dorf deshalb bisher gemieden, obwohl es mitten in seinem Revier liegt. Auf den Almen ist er geblieben, hat Wasser von den Bächen getrunken, die steile Hänge hinuntergurgeln. Auf Felskanzeln ist er gestanden, weit hat er über das Land geschaut – aber immer einen großen Bogen um das Dorf gemacht.

Vorsichtig will er immer noch sein, will nur schauen und hören und riechen, ein wenig, ganz aus der Ferne ... Hier, am Steilhang über dem Dorf, verbergen ihn die Büsche vor den Blicken von unten.

Silas legt sich hin. Das ist ein guter Platz. Hier kommt niemand her, das ist abseits der Wege, die nach Mensch riechen ... Silas spürt die Ruhe in sich ... Silas spürt seine Schwere ... und er spürt die Wärme der Sonne ... Sein Atem geht ein und aus, ein und aus, ganz ruhig und gleichmäßig, ganz von allein ...

Silas mag den Klang der Glocken vom Dorf. Der Klang der Autos aber macht ihn unruhig. Da hält er sich lieber abseits. Zu den Glocken aber würde Silas gern einmal gehen. Doch immer sind so viele Menschen im Dorf. Vielleicht, wenn einmal alle Menschen fort sind und die Glocken dann klingen ... Silas schüttelt den Kopf ...

Ein Wind bringt den Duft von Schafen heran. Silas richtet sich auf.

Immer nur Wurzeln und Beeren ... Doch dann legt er sich wieder hin und streckt sich gemütlich aus. Wo Schafe sind, sind auch Menschen. Und Hunde.

„Wenn ich es nicht bekommen kann,
denke ich auch nicht weiter dran",

brummt Silas. Und denkt an die Schafe nicht weiter.

Er sieht eine Kette Wanderer auf dem Pfad den Hang hochsteigen. Der Pfad geht weit an seinem Versteck vorbei, so bleibt er ruhig liegen. Er freut sich an den bunten Farben der Wanderer. Sie sind wie Blumen, denkt er und gähnt ...

Silas ist müde geworden. Aber hier, in der Nähe des Dorfes, ist es ihm nun doch zu unruhig. Er erhebt sich und trottet den Hang hoch, zu seiner Höhle zurück ... Wie das Gras an seinem Pelz weich entlangstreicht ... Wie lieblich die Vögel pfeifen ... Wie gut die Luft schmeckt ... Das Leben ist schön, denkt Silas und achtet auf jeden Schritt ... auf jeden seiner Schritte in dieser Schönheit ...

Silas ist wieder in seiner Höhle zurück und macht es sich auf seinem Lager gemütlich.

Da liegt der mächtige Silas – ganz ruhig. Kannst du die Ruhe von Silas spüren? Die Ruhe ist überall in ihm. – Schwer sind die Tatzen von Silas, ganz schwer. Fühlst du, wie schwer seine Tatzen sind? Der Bär ist schwer, ganz schwer. – Und warm sind die Tatzen von Silas, schön warm. Fühlst du, wie warm sie sind? Die Wärme strömt durch seinen ganzen Körper. Silas ist warm, schön warm. – Sein Atem geht ein und aus, ein und aus, ganz ruhig und gleichmäßig, ganz von allein. – Silas ist ruhig, schwer und warm – ruhig, schwer und warm. – So liegt Silas ein Weilchen und ruht sich aus. Es ruht sich aus und fühlt die Ruhe und die neue Kraft tief in sich wachsen.

Und nun kommt die Traumreise langsam zum Ende, und du kehrst zurück in den Raum ... Du spürst wieder den Raum um dich und hörst seine Geräusche ... Die Ruhe ist weiter in dir. Und die Kraft. Du spürst vielleicht, wie die Ruhe und die Kraft in dir stärker geworden sind ... Die Augen können sich wieder öffnen ... Atme tief durch! Reck dich und streck dich ...

## Die alte Föhre

Mach es dir ganz bequem ... Während du dich noch räkelst, kannst du schon beginnen, angenehm ruhiger zu werden ... Deine Augen können noch offen bleiben und auch zu ruhen beginnen – oder sie können sich schließen und die angenehme Ruhe spüren ... Du hörst vielleicht noch Geräusche um dich, im Raum ... oder von draußen ... Und irgendwann können die Geräusche und jede Bewegung ganz gleichgültig werden ... Und du spürst vielleicht schon, wie gut es sich anfühlt, einfach so da zu sein und eine Traumreise zu erleben ...

Gerade an der Kante, wo der Berg schroff abfällt ins Tal, nicht weit vom See, steht die alte Föhre. Ihre Wurzeln haben sich gut in den Stein gegraben, manchem Sturm hat sie schon getrotzt ...

Erste Schneeflocken sind schon durch ihren Wipfel gefallen ... Ein paar Flocken sind liegengeblieben, auf ihren grünen Nadeln ... Die Sonne leuchtet in ihnen ...

Was die alte Föhre am liebsten mag? ... Das ist die Sonne ... Die Sonne gibt Licht und Wärme, die sie zum Leben braucht ... Die Sonne lässt all das Leben um die alte Föhre gedeihen ...

Die alte Föhre mag auch die Luft ... Sie atmet die Luft in ihre Nadeln ...

Die alte Föhre mag auch die Erde, in der sie wurzelt ... Ihre Wurzeln nehmen aus der Erde das Wasser und die Stoffe auf, die sie zum Leben braucht ...

Die alte Föhre mag all die Geräusche, das Pfeifen der Murmeltiere ... das leichte Ziehen des Windes ... die Grillen im Gras der Bergwiese ... die Geräusche des Sees ... die Geräusche von den Bäumen um sie herum ... Alles das ist ihre Heimat und ist ein Teil von ihr selbst ...

Die alte Föhre mag ihr Leben ...

Wenn sie sich in allem geborgen fühlt, dann spürt sie eine Kraft tief in sich, die nicht nur ihre eigene Kraft ist, sondern aus der Kraft von allem stammt, das sie liebt ... Die alte Föhre mag es, in sich zu lauschen, diese Kraft zu spüren und sie groß werden zu lassen ... Vor allem, wenn der Wind stark geht und rau an ihr zerrt ... oder in der dunklen Nacht ... oder einfach nur so ... Sie liebt es, einfach die Ruhe und die Kraft tief in sich zu spüren und noch größer werden zu lassen ...

Am Ufer des Sees entsteht eine kleine Bewegung. Der Bär Silas ist schon vor einer Weile den Berghang hinuntergestiegen und trinkt nun vom Wasser ... Dann hält er inne ...

Silas spitzt seine Ohren ... Er hört die Geräusche des Windes ... Er hört den Schrei eines Adlers, der am Himmel kreist ... Er hört das Pfeifen der Vögel im Wald ... Und da, ist das nicht das Summen von Bienen? ... Oder sind die Bienen schon alle zum Überwintern im Stock? ... Auch für Silas ist es bald Zeit für den Winterschlaf ...

Silas schaut über den Bergsee und freut sich ... Er lässt seinen Blick über die Gipfel der Berge schweifen ... Hier sind die Ruhe und die Kraft zu Hause, und das ist auch seine Heimat geworden ...

Silas geht zur Kante der Bergwiese, wo sie ins Tal abzufallen beginnt. Er legt sich gerade am Stamm der alten Föhre nieder und macht es sich gemütlich ... Er schließt seine Augen ...

Da liegt der mächtige Silas – ganz ruhig. Kannst du die Ruhe von Silas spüren? Die Ruhe ist überall in ihm. – Schwer sind die Tatzen von Silas, ganz schwer. Fühlst du, wie schwer seine Tatzen sind? Der Bär ist schwer, ganz schwer. – Und warm sind die Tatzen von Silas, schön warm. Fühlst du, wie warm sie sind? Die Wärme strömt durch seinen ganzen Körper. Silas ist warm, schön warm. – Sein Atem geht ein und aus, ein und aus, ganz ruhig und gleichmäßig, ganz von allein. – Silas ist ruhig, schwer und warm – ruhig, schwer und warm. – So liegt Silas ein Weilchen und ruht sich aus. Es ruht sich aus und fühlt die Ruhe und die neue Kraft tief in sich wachsen.

Und nun kommt die Traumreise langsam zum Ende, und du kehrst zurück in den Raum ... Du spürst wieder den Raum um dich und hörst seine Geräusche ... Die Ruhe ist weiter in dir. Und die Kraft. Du spürst vielleicht, wie die Ruhe und die Kraft in dir stärker geworden sind ... Die Augen können sich wieder öffnen ... Atme tief durch! Reck dich und streck dich ...

# Zu Buch und Autor

## Buch

Das Buch enthält 60 Traumreisen für Kinder, nach Jahreszeiten geordnet. Sie dienen der Entspannung sowie der Förderung von Konzentration und Kreativität.

Die Traumreisen sind für das Kindergarten- und Grundschulalter gedacht. Am besten werden sie vorgelesen.

## Autor

Dr. Volker Friebel (*1956) ist promovierter Psychologe und Autor von Veröffentlichungen zu Entspannung, Gesundheit, Sprache und Musik sowie Texten literarischer Art. Selbstständig tätig, lebt er in Tübingen. Er ist Mitglied der Deutschen Gesellschaft für Entspannungsverfahren:
www.dg-e.de

## Netz-Präsenz

Die Plattform des Autors mit Informationen und Materialien zu Entspannung und Inneren Bildern:
www.Entspannung-plus.de
Dort finden sich auch aktuelle Seminare des Autors unter anderem zur Entspannung mit Kindern.

Zahlreiche Bücher zu den Themen des Autors finden sich auf:
www.Blaue-Felder.de

## Weitere Bücher zur Entspannung für Kinder

Friebel, Volker (2012): Das Anti-Stress-Buch für den Kindergarten. Entspannungspädagogik für Kinder und Erzieher/innen. Auch für die ersten Grundschuljahre geeignet. Weinheim: Beltz. *Nur als PapierBuch.*

Friebel, Volker (2013): Traumreisen für Kinder. Zur Förderung von Entspannung, Konzentration, Ich-Stärke und Kreativität. Münster: Ökotopia. *Nur als PapierBuch.*

Friebel, Volker (2014): Trance-Geschichten für Kinder - Ruhe und Kraft, Mut, Selbstbeherrschung, Leichtigkeit und Freude, Konzentration, Schlaf: Sechs thematische Sammlungen. Tübingen: Edition *Blaue Felder. Als PapierBuch und als eBuch.*

Friebel, Volker (2015): Geschichten, die Kinder entspannen lassen. Spielerisch Ausgeglichenheit und Konzentration fördern. Tübingen: Edition *Blaue Felder. Als PapierBuch und als eBuch. Erstausgabe war 1995 beim Südwest-Verlag, München.*

Friebel, Volker (2015): Kinder entdecken Ruhe und Langsamkeit. Spielerisch fördern wir Genauigkeit, Konzentration und Kreativität. Tübingen: Edition *Blaue Felder. Als PapierBuch und als eBuch. Erstausgabe war 2008 beim Ökotopia-Verlag, Münster.*

## Ohne Entspannung, nur so zum Spaß

Friebel, Volker (2015): Geschichten vom Zauberwald. Tübingen: Edition *Blaue Felder. Als PapierBuch und als eBuch.*

## Für Erwachsene

Friebel, Volker (2014): Aufbrüche - Die Kraft der inneren Bilder zur Selbstveränderung. Tübingen: Edition *Blaue Felder. Als PapierBuch und als eBuch. Erstausgabe war 1998 beim Walter-Verlag, Zürich.*